CHINESE MADE EASY

Simplified Characters Version

轻松学汉语（练习册）

2
Workbook

Yamin Ma
Xinying Li

Joint Publishing (H.K.) Co., Ltd.

三联书店（香港）有限公司

Chinese Made Easy *(Workbook 2)*

Yamin Ma, Xinying Li

Editor	Chen Cuiling, Luo Fang
Art design	Arthur Y. Wang, Yamin Ma, Xinying Li
Cover design	Arthur Y. Wang, Amanda Wu
Graphic design	Amanda Wu, Zhou Min
Typeset	Zhou Min

Published by
JOINT PUBLISHING (H.K.) CO., LTD.
Rm. 1304, 1065 King's Road, Quarry Bay, Hong Kong

Distributed by
SUP PUBLISHING LOGISTICS (HK) LTD.
3/F., 36 Ting Lai Road, Tai Po, N.T., Hong Kong

First published November 2001
Second edition, first impression, July 2006

Copyright ©2001, 2006 Joint Publishing (H.K.) Co., Ltd.

You can contact us via the following:
Tel: (852) 2525 0102, (86) 755 8343 2532
Fax: (852) 2845 5249, (86) 755 8343 2527
Email: publish@jointpublishing.com
http://www.jointpublishing.com/cheasy/

轻松学汉语（练习册二）

编　著　马亚敏　李欣颖

责任编辑	陈翠玲　罗　芳
美术策划	王　宇　马亚敏　李欣颖
封面设计	王　宇　吴冠曼
版式设计	吴冠曼　周　敏
排　　版	周　敏

出　版	三联书店（香港）有限公司 香港鲗鱼涌英皇道1065号1304室
发　行	香港联合书刊物流有限公司 香港新界大埔汀丽路36号3字楼
印　刷	深圳市德信美印刷有限公司 深圳市福田区八卦三路522栋2楼
版　次	2001年11月香港第一版第一次印刷 2006年7月香港第二版第一次印刷
规　格	大16开 (210 x 280mm) 208面
国际书号	ISBN-13: 978.962.04.2587.5 ISBN-10: 962.04.2587.1

©2001, 2006 三联书店（香港）有限公司

Authors' acknowledgments

We are grateful to all the following people who have helped us to put the books into publication:

- Our publisher, 李昕, 陈翠玲 who trusted our ability and expertise in the field of Mandarin teaching and learning, and supported us during the period of publication
- Professor Zhang Pengpeng who inspired us with his unique and stimulating insight into a new approach to Chinese language teaching and learning
- Mrs. Marion John who edited our English and has been a great support in our endeavour to write our own textbooks
- 张谊生, Vice Dean of the Institute of Linguistics, Shanghai Teachers University, who edited our Chinese
- Arthur Y. Wang, 于霆，万琼，高燕，张慧华, Annie Wang for their creativity, skill and hard work in the design of art pieces. Without Arthur Y. Wang's guidance and artistic insight, the books would not have been so beautiful and attractive
- 梁玉熙 and Tony Zhang who assisted the authors with the sound recording
- Our family members who have always supported and encouraged us to pursue our research and work on this series. Without their continual and generous support, we would not have had the energy and time to accomplish this project

Contents 目 录

第一单元　颜色、衣服

第一课　我喜欢黄色

1 Find the phrases. Write them out.

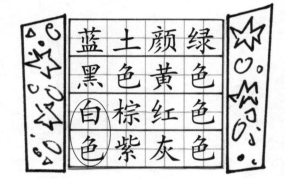

(1) ___白色___　　　　(5) _____

(2) _____　　　　(6) _____

(3) _____　　　　(7) _____

(4) _____　　　　(8) _____

2 Write the pinyin for the following words.

(1) 黄色 _huángsè_　(7) 黑色 _____

(2) 紫色 _____　(8) 棕色 _____

(3) 蓝色 _____　(9) 绿色 _____

(4) 灰色 _____　(10) 颜色 _____

(5) 红色 _____　(11) 一共 _____

(6) 白色 _____　(12) 喜欢 _____

3 Group the characters according to their radicals.

(1) 目 ___看___　　(8) 又 _____

(2) 纟 _____　　(9) 田 _____

(3) 灬 _____　　(10) 忄 _____

(4) 广 _____　　(11) 艹 _____

(5) 𧾷 _____　　(12) 木 _____

(6) 页 _____　　(13) 雨 _____

(7) 亠 _____　　(14) 扌 _____

(a) 级	(b) 看	(c) 庭
(d) 颜	(e) 界	(f) 欢
(g) 路	(h) 每	(i) 快
(j) 零	(k) 护	(l) 然
(m) 蓝	(n) 绿	(o) 棕
(p) 黑		

1

4 Colour the pictures according to the instructions.

1
红、白色

2
棕色

3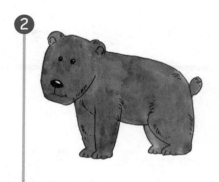
黄、棕色

4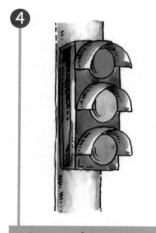
红、黄、绿色

5
棕色

6
黄色

7
绿色

8
红、绿色

9
黑色

10
紫、灰、蓝色

5 Translation.

(1) red car ___红色的汽车___

(2) silver boat _____

(3) black hair _____

(4) brown bicycle _____

(5) yellow pen _____

(6) blue watch _____

(7) purple English book _____

(8) white cloud _____

(9) grey elephant _____

(10) green taxi _____

(11) brown school bag _____

(12) black horse _____

6 Reading comprehension.

我叫张大年。我在英国出生，在南非长大。我是英国人。我今年十二岁，上八年级。

我家一共有五口人：爸爸、妈妈、哥哥、妹妹和我。我爸爸是经理，在一家酒店工作。我妈妈是秘书。爸爸会说英语和德语，妈妈会说英语和法语。爸爸每天开车上班，妈妈每天走路上班。我爸爸、妈妈都喜欢黑色。

Answer the questions.

(1) 张大年是哪国人？

(2) 他出生在哪儿？

(3) 他今年多大了？

(4) 他有几个兄弟姐妹？

(5) 他爸爸做什么工作？

(6) 他爸爸每天怎么上班？

(7) 他妈妈会说德语吗？

(8) 他爸爸、妈妈喜欢什么颜色？

7 Colour the pictures. Write down the colours in Chinese.

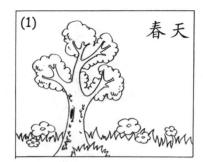

(1) 春天

tree: _____

flowers: _____ grass: _____

(2) 夏天

sky: _____ clouds: _____

sea: _____ boat: _____

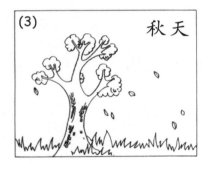

(3) 秋天

leaves: _____ trunk: _____

grass: _____

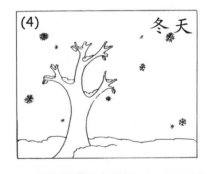

(4) 冬天

snow flakes: _____

tree: _____ ground: _____

8 Correct the mistakes.

(1) 颜 ___颜___   (4) 棕 _____   (7) 蓝 _____

(2) 黄 _____   (5) 灰 _____   (8) 紫 _____

(3) 绿 _____   (6) 更 _____   (9) 晚 _____

4

9 Translation.

(1) 红 _____   (6) 黑 _____

(2) 绿 _____   (7) 蓝 _____

(3) 紫 _____   (8) 黄 _____

(4) 灰 _____   (9) 白 _____

(5) 棕 _____   (10) 银色 _____

10 Translation.

(1) 白马比黑马高。

(2) 黄车比绿车大。

(3) 白船比蓝船小。

(4) 黑自行车比黄自行车好看。

(5) 这家公司一共有五十个人。

(6) 他一共有七个兄弟姐妹。

11 Reading comprehension.

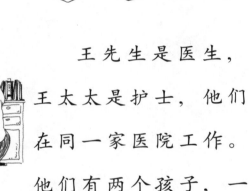

王先生是医生，王太太是护士，他们在同一家医院工作。

他们有两个孩子，一个男孩儿，一个女孩儿。男孩儿今年十五岁，上中学三年级。女孩儿今年十岁，上小学五年级。他们一家住在上海。

王先生喜欢黑色，王太太喜欢红色。他们的儿子喜欢蓝色，女儿喜欢紫色。

True or false?

( ) (1) 王先生、王太太都是医生。

( ) (2) 王先生、王太太有两个孩子。

( ) (3) 男孩儿今年十岁，女孩儿今年十五岁。

( ) (4) 王先生一家住在上海。

( ) (5) 王先生喜欢黑色。

( ) (6) 王太太喜欢蓝色。

( ) (7) 他们一家人都喜欢棕色。

阅读（一）文房四宝

1 Dismantle the characters into parts.

(1) 笔 竹 毛　(5) 宝 ＿＿ ＿＿

(2) 墨 ＿＿ ＿＿　(6) 房 ＿＿ ＿＿

(3) 纸 ＿＿ ＿＿　(7) 它 ＿＿ ＿＿

(4) 砚 ＿＿ ＿＿　(8) 写 ＿＿ ＿＿

2 Find the phrases. Write them out.

没	出	生	美	法
有	名	人	中	国
毛	笔	字	文	画
友	汉	语	国	画
地	方	言	女	儿

(1) ＿＿＿＿　(7) ＿＿＿＿

(2) ＿＿＿＿　(8) ＿＿＿＿

(3) ＿＿＿＿　(9) ＿＿＿＿

(4) ＿＿＿＿　(10) ＿＿＿＿

(5) ＿＿＿＿　(11) ＿＿＿＿

(6) ＿＿＿＿　(12) ＿＿＿＿

3 Give the meanings of the following phrases.

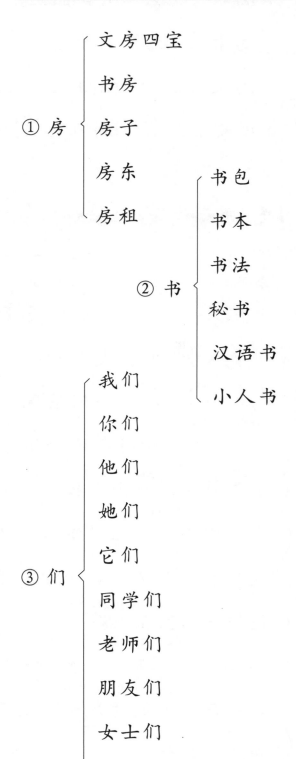

① 房
- 文房四宝
- 书房
- 房子
- 房东
- 房租

② 书
- 书包
- 书本
- 书法
- 秘书
- 汉语书
- 小人书

③ 们
- 我们
- 你们
- 他们
- 她们
- 它们
- 同学们
- 老师们
- 朋友们
- 女士们
- 先生们

第二课　他们穿校服上学

1 Write the pinyin for the following words.

(1) 穿 _____　(7) 大衣 _____

(2) 格子 _____　(8) 毛衣 _____

(3) 条子 _____　(9) 连衣裙 _____

(4) 短袖 _____　(10) 袜子 _____

(5) 衬衫 _____　(11) 皮鞋 _____

(6) 呢子 _____　(12) 外套 _____

2 Find the odd one out.

(1) 每天　今年　今天　明天

(2) 走路　吃饭　晚上　看书

(3) 电车　火车　汽车　开车

(4) 大象　大夫　商人　太太

(5) 先生　小姐　女士　喜欢

(6) 国画　毛笔　竹筷　快车

3 Match the pictures with the words in the box.

(a) 连衣裙	(f) 长袖男衬衫
(b) 条子裙子	(g) 长大衣
(c) 皮鞋	(h) 短袖女衬衫
(d) 手套	(i) 袜子
(e) 长裤	(j) 毛衣

1　f

4 _____　5 _____　6 _____

7 _____　8 _____　9 _____

4 Find the phrases. Write them out.

衬	衫	紫	色	上	衣
长	裤	袜	棕	色	服
短	裙	子	外	套	怎
袖	手	红	黄	什	么
牙	套	灰	色	颜	黑
连	衣	裙	鞋	白	色

(1) _____ (8) _____

(2) _____ (9) _____

(3) _____ (10) _____

(4) _____ (11) _____

(5) _____ (12) _____

(6) _____ (13) _____

(7) _____ (14) _____

5 Use "的" to write one sentence for each picture.

Example

爸爸
衬衫

这是爸爸的衬衫。

❶ 哥哥
裤子

_____

❷ 我汉语老师
毛衣

_____

❸ 我妈妈
皮鞋

_____

❹ 她姐姐
连衣裙

_____

❺ 弟弟
袜子

_____

6 Write the following items of clothing in Chinese.

① 格子衬衫

② _____

③ _____

④ _____

⑤ _____

⑥ _____

⑦ _____

⑧ _____

⑨ _____

⑩ _____

⑪ _____

⑫ _____

⑬ _____

7 Put the words into sentences.

Example

在工厂 工作 我爸爸。

→ 我爸爸在工厂工作。

(1) 上学 每天 小明 公共汽车 坐。

(2) 喜欢 她 穿 短袖衬衫和短裙子。

(3) 北京 我们一家人 住在 都。

(4) 会说 他爸爸 语言 好几种。

(5) 放学回家 三点半 她妹妹 每天。

(6) 连衣裙和呢子外套 冬天 女学生 穿。

(7) 穿 夏天 男学生 短袖衬衫和短裤。

8 Give the meanings of the following phrases.

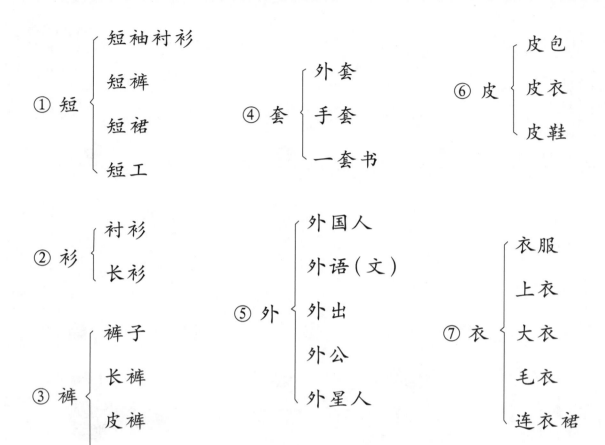

① 短 ⎰ 短袖衬衫
     ⎱ 短裤
     ⎱ 短裙
     ⎱ 短工

② 衫 ⎰ 衬衫
     ⎱ 长衫

③ 裤 ⎰ 裤子
     ⎱ 长裤
     ⎱ 皮裤
     ⎱ 一条裤子

④ 套 ⎰ 外套
     ⎱ 手套
     ⎱ 一套书

⑤ 外 ⎰ 外国人
     ⎱ 外语（文）
     ⎱ 外出
     ⎱ 外公
     ⎱ 外星人

⑥ 皮 ⎰ 皮包
     ⎱ 皮衣
     ⎱ 皮鞋

⑦ 衣 ⎰ 衣服
     ⎱ 上衣
     ⎱ 大衣
     ⎱ 毛衣
     ⎱ 连衣裙

9 Match the question with the answer.

(1) 你的家庭医生姓什么？

(2) 你的牙医叫什么名字？

(3) 你到过世界上很多地方吗？

(4) 你爸爸在哪儿工作？

(5) 你会说西班牙语吗？

(6) 今天星期四还是星期五？

(7) 你们家谁最高？

(8) 你喜欢不喜欢穿校服？

(a) 在银行工作。

(b) 我到过很多地方。

(c) 她姓吴。

(d) 他叫史云。

(e) 我不会说。

(f) 我哥哥。

(g) 不喜欢。

(h) 今天星期五。

10 Colour the clothes according to the instructions.

❶ 蓝条子衬衫	❷ 棕色的长裤	❸ 红格子衬衫	❹ 黄格子裙子
❺ 黑白条子长裙	❻ 蓝色的短裤	❼ 红呢子外套	❽ 绿色的毛衣

11 Design summer and winter uniforms for your school and then describe them in Chinese.

❶ 夏天的校服 夏天男生穿 ＿＿＿＿＿＿ ＿＿＿＿＿＿＿＿＿＿ ＿＿＿＿＿＿＿＿＿＿ 女生穿 ＿＿＿＿＿＿＿＿ ＿＿＿＿＿＿＿＿＿＿ ＿＿＿＿＿＿＿＿＿＿	❷ 冬天的校服 冬天男生穿 ＿＿＿＿＿＿ ＿＿＿＿＿＿＿＿＿＿ ＿＿＿＿＿＿＿＿＿＿ 女生穿 ＿＿＿＿＿＿＿＿ ＿＿＿＿＿＿＿＿＿＿ ＿＿＿＿＿＿＿＿＿＿

(1) 长袖衬衫　袜子　短袖衬衫

(2) 上衣　　短裤　　长裤

(3) 袜子　　皮鞋　　连衣裙

(4) 大衣　　外套　　皮鞋

(5) 出租车　校车　　校服

(6) 饭店　　先生　　律师行

(7) 春天　　夏天　　手表

13 Translation.

(1) 他们的校服很好看。

(2) 他每天穿校服上学。

(3) 香港的学生都穿校服上学。

(4) 她不太喜欢穿裙子。

(5) 哥哥的衬衫全都是格子的。

(6) 妈妈穿短裙不好看。

14 Colour the clothes according to the descriptions.

1
她穿绿色的衬衫、棕色的毛衣和黑条子裙子，脚上穿黑色的皮鞋。

2
他穿白色的长袖衬衫、蓝色的外套和蓝色的长裤。他脚上穿黑皮鞋。

3
他穿蓝、白格子衬衫、灰色的外套和黑色的长裤。他脚上穿黑袜子和黑皮鞋。

4
她穿紫色的连衣裙。她脚上穿紫色的皮鞋。

阅读（二）中国画

(1)＿＿＿＿＿＿＿＿＿＿ (2)＿＿＿＿＿＿＿＿＿＿ (3)＿＿＿＿＿＿＿＿＿＿

2 Give the meanings of the following phrases.

3 Answer the following questions.

① 物
- 人物
- 动物
- 生物
- 宝物
- 物理
- 物理学
- 物理学家

② 花
- 花生
- 花车
- 花店

(1) 你喜欢中国画吗？

(2) 中国画主要有几种？

(3) 你画过中国画吗？

(4) 你用过毛笔吗？

(5) 你家有文房四宝吗？

第三课　他穿西装上班

1　Find the odd one out.

(1) 衬衫　汗衫　长裤　毛衣

(2) 上衣　大衣　外套　牛仔裤

(3) 围巾　汗衫　手套　帽子

(4) 套装　领带　校服　西装

(5) 毛衣　毛笔　大衣　外套

(6) 短裤　长裤　西装　牛仔裤

(7) 运动鞋　套装　运动服　上衣

(8) 周末　今年　应该　明天

2　Group the characters according to their radicals.

(1) 衤（clothing）_____

(2) 穴（cave）_____

(3) 页（page）_____

(4) 巾（napkin）_____

(5) 广（shelter）_____

(6) 革（leather）_____

(7) 口（enclosure）_____

(8) 大（big）_____

裙	裤	颜	帽	围	店	领
鞋	套	带	应	穿		

3　Translation.

 Example　grey shirt

　　⟶ 灰色的衬衫

(1) white T-shirt

(2) long red skirt

(3) black hat

(4) brown scarf

(5) checked shirt

(6) long-sleeved shirt

(7) yellow dress

(8) black suit

(9) white jeans

(10) purple gloves

4 Find as many clothes as possible. Write them out.

短袖 长袖 长 外 短 西 连衣 运动 牛仔 汗 校

衬衫 裤 套 装 服 裙 衫

(1) 长裤
(2) ___
(3) ___
(4) ___
(5) ___
(6) ___
(7) ___
(8) ___
(9) ___
(10) ___

5 Match the Chinese with the English.

(1) 服装   (a) helmet
(2) 毛巾   (b) leather belt
(3) 安全帽   (c) clothes
(4) 服装店   (d) towel
(5) 皮带   (e) shoelace
(6) 手巾   (f) milk
(7) 牛奶   (g) games
(8) 鞋带   (h) hand towel
(9) 表带   (i) sportsman
(10) 运动会   (j) clothes shop
(11) 运动员   (k) watch strap

6 Translation.

(1) 爸爸明天要去英国。

(2) Mum will go to Japan next week.

(3) 妹妹想学西班牙语。

(4) My elder sister wants to be a lawyer.

(5) 小明长大以后要去加拿大上大学。

(6) Xiao Fang will go to university in America.

(7) 他每天要穿校服上学。

(8) He needs to take the school bus to school everyday.

7 Match the descriptions with the people.

1 他上八年级。他穿中山装和长裤。

2 她个子不高，头发不长。她穿汗衫和长裤。

3 他是老师。他穿西装。他还戴领带和帽子。

5 她是商人。她穿条子衬衫和套装。

4 他是工程师。他穿毛衣和长裤。

6 他是大学生。他个子很高。他穿长袖衬衫和牛仔裤。

8 Separate the following items.

穿	戴
衬衫	围巾

(a) 衬衫 (b) 围巾 (c) 毛衣 (d) 大衣

(e) 牛仔裤 (f) 皮鞋 (g) 袜子 (h) 运动鞋

(i) 运动服 (j) 上衣 (k) 西装 (l) 套装

(m) 帽子 (n) 手套 (o) 领带 (p) 手表

(q) 校服 (r) 裙子 (s) 连衣裙

9 Fill in the blanks with the words in the box.

| 穿 | 戴 | 带 |

(1) 今天星期日。我爸爸 ___穿___ 衬衫、牛仔裤和运动鞋。

(2) 王先生每天上班都 _____ 西装，_____ 领带。

(3) 小明今天 _____ 手套和帽子。

(4) 李小姐冬天要去马来西亚，她应该 _____ 什么衣服去？

(5) 他爸爸喜欢 _____ 西装，但是我爸爸不喜欢 _____ 西装。

(6) 小王夏天要去英国，他应该 _____ 衬衫、外套和长裤。

(7) 我妹妹最不喜欢 _____ 短裙。

(8) 北京人冬天要 _____ 帽子、围巾和手套。

(9) 小云夏天喜欢 _____ 汗衫和短裤。

(10) 很多学生不喜欢 _____ 校服。

10 Fill in the form referring to yourself.

姓名: _____

出生年月日: _____

出生地: _____

哪国人: _____

语言: _____

喜欢的颜色: _____

喜欢穿的衣服: _____

11 Answer the questions.

(1) "Shirt" 汉语叫什么？

(2) "Suit" 汉语叫什么？

(3) "牛仔裤" 英文叫什么？

(4) "汗衫" 英文怎么说？

(5) "围巾" 英文怎么说？

(6) "Hat" 汉语怎么说？

(7) "Gloves" 汉语怎么说？

12 Find out the phrases. Write them out.

牛	冬	运	动	服	帽
戴	仔	长	西	装	子
手	套	裤	连	黄	颜
围	装	毛	衣	领	色
巾	鞋	短	裙	带	裙
汗	衫	周	末	应	该

(1) _____   (7) _____

(2) _____   (8) _____

(3) _____   (9) _____

(4) _____   (10) _____

(5) _____   (11) _____

(6) _____   (12) _____

13 Read the texts. Find out who they are.

高云

齐春红   周运明   毛京生

1 她穿衬衫、毛衣和条子裙子，脚上穿黑皮鞋。

她是谁？

2 他穿格子衬衫、外套和长裤。他的头发很短。

他是谁？

她是谁？

3 他的头发不短。他穿衬衫、西裤和皮鞋。

他是谁？

4 她的头发不短。她穿连衣裙和白皮鞋。

18

14 Reading comprehension.

① 王英是法国人,但是她爸爸是中国人。她是医生。她喜欢穿长裤,她不喜欢穿裙子,她最不喜欢穿连衣裙。

② 李夏是香港人,但是她在上海出生。她会说英语、广东话和普通话。她是律师。她喜欢穿连衣裙,她不喜欢穿裤子。

③ 谢连生是南京人。他在一家酒店工作。他是经理。他上班穿西装、戴领带。周末他喜欢穿衬衫、外套和牛仔裤。

④ 周红是中国人,但是她在英国出生。她是大学生,今年上大学二年级。她最不喜欢穿套装,她喜欢穿衬衫和裙子。

Answer the questions.

(1) 王英是中国人吗?

(2) 王英做什么工作?

(3) 她不喜欢穿什么衣服?

(4) 李夏会说什么语言和方言?

(5) 她喜欢不喜欢穿裤子?

(6) 谢连生穿什么衣服上班?

(7) 他周末喜欢穿什么衣服?

(8) 周红工作吗?

(9) 她出生在哪儿?

(10) 她喜欢穿什么衣服?

15 | Describe their clothes in Chinese.

16 | Answer the questions in Chinese.

(1) 你冬天去加拿大。你应该带什么衣服去?

(2) 你夏天去上海。你应该带什么衣服去?

(3) 你春天去东京。你应该带什么衣服去?

17 | Reading comprehension.

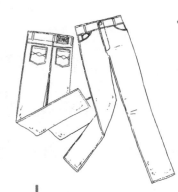

世界上喜欢穿牛仔裤的人很多,男、女、老、少都喜欢穿。在美国,很多学生不喜欢穿校服,喜欢穿牛仔裤上学。工作人员也喜欢穿牛仔裤上班。有的大学老师也穿牛仔裤去学校。

True or false?

( )(1) 老年人不喜欢穿牛仔裤。

( )(2) 中年人喜欢穿牛仔裤。

( )(3) 在美国,很多学生穿牛仔裤上学。

( )(4) 在美国,大学老师不可以穿牛仔裤去学校。

阅读（三）齐白石

1 Translation.

(1) a famous painter

(2) He was born in 1864.

(3) He died in 1957.

(4) the shrimps that he drew

(5) most well-known

(6) true to life

2 Give the meanings of the following phrases.

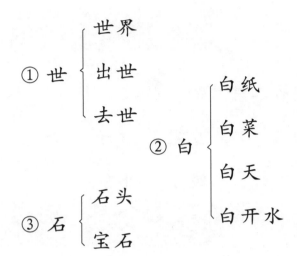

① 世 ｛ 世界
       出世
       去世

② 白 ｛ 白纸
       白菜
       白天
       白开水

③ 石 ｛ 石头
       宝石

3 Translation.

(1) 他画的虾

(2) 我画的马

(3) 妈妈写的字

(4) 爸爸用的笔

(5) 弟弟画的生日卡

(6) 我们去过的国家

(7) 她喜欢的衣服

(8) 我朋友看的书

(9) 她戴的帽子

4 Translation.

 Example 他的书包和我的一样。

His school bag is the same as mine.

(1) 他画的鸟像真的一样。

(2) 王经理的西装和我爸爸的一样。

(3) 我的围巾和姐姐的一样。

(4) 黄明的帽子和张文的一样。

(5) 他的运动鞋和我的不一样。

生词

第一课　黄色　一共　还　蓝色　白色　红色　绿色　紫色　黑色
棕色　灰色　颜色

文房四宝　墨　纸　砚　它们　毛笔字　中国画

第二课　穿　校服　格子　短袖　衬衫　长袖　裙子　短裙　脚
皮鞋　袜子　条子　裤子　长裤　短裤　毛衣　连衣裙
呢子　外套

主要　人物画　山水画　花鸟画

第三课　西装　套装　戴　领带　小姐　周末　牛仔裤　运动鞋
大衣　帽子　围巾　手套　汗衫　应该　件　衣服

石　有名　画家　去世　虾　像　真　一样

总复习

1. Colours and clothes

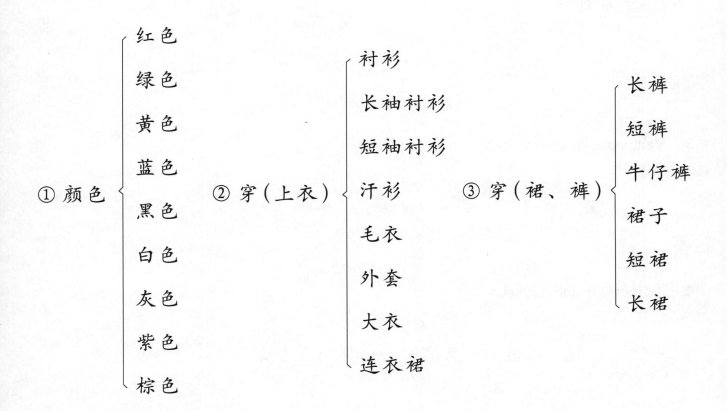

① 颜色 { 红色 绿色 黄色 蓝色 黑色 白色 灰色 紫色 棕色

② 穿（上衣） { 衬衫 长袖衬衫 短袖衬衫 汗衫 毛衣 外套 大衣 连衣裙

③ 穿（裙、裤） { 长裤 短裤 牛仔裤 裙子 短裙 长裙

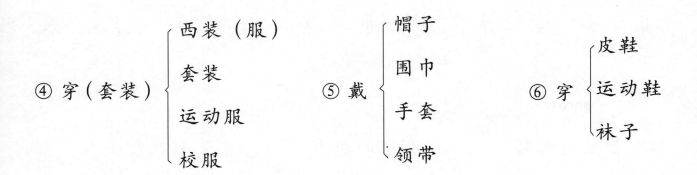

④ 穿（套装） { 西装（服） 套装 运动服 校服

⑤ 戴 { 帽子 围巾 手套 领带

⑥ 穿 { 皮鞋 运动鞋 袜子

2. Other words

3. Verbs and auxiliary verbs

穿　　戴　　带　　像　　应该　　要

4. Adjectives and adverbs

一共　　还　　真　　有名　　一样　　主要

5. Radicals

页　　穴　　矢　　衤　　革　　巾　　虫　　牛　　户　　石　　大

6. "的" phrases

① { 爸爸的衬衫
妈妈的裙子
老师的围巾
同学的校服 }

② { 有名的画家
古老的语言
好看的衣服
一样的毛衣 }

③ { 穿黄毛衣的女人
穿黑长裤的男人
戴蓝帽子的小孩儿
会画国画的朋友 }

24

7. Study the following words and how they are used

① 画 ⎰ 画画儿
    ⎱ 山水画

② 长 ⎰ 长大了
    ⎱ 长裤

8. Questions and answers

(1) 你喜欢什么颜色？ 　我喜欢红色。

(2) 你喜欢穿什么衣服？ 　我喜欢穿汗衫和牛仔裤。

(3) 你爸爸上班穿什么衣服？ 　他穿西装、衬衫，戴领带上班。

(4) 你妈妈喜欢穿什么衣服？ 　她喜欢穿连衣裙和套装。

(5) 你穿校服上学吗？ 　穿。

(6) 你穿什么校服？ 　我冬天穿蓝、白条子连衣裙、毛衣和外套；
夏天穿蓝、白条子连衣裙。

(7) "文房四宝"是什么？ 　笔、墨、纸、砚。

(8) 中国画主要有几种？ 　三种：人物画、山水画和花鸟画。

(9) 齐白石是谁？ 　他是一个有名的国画画家。

(10) 齐白石画什么最有名？ 　他画的虾最有名。

(11) 你冬天去北京应该带什么衣服？应该带大衣、毛衣、围巾等。

测验

1 Write the radicals in Chinese.

(a) leather

(b) clothing

(c) cave

(d) arrow

(e) page

(f) cow

(g) household

(h) napkin

(i) insect

(j) stone

2 Translation.

(1) 李山的爸爸是医生。

(2) 张文的妈妈是牙医。

(3) 爸爸每天穿西服上班。

(4) 妈妈穿套装上班。

(5) 哥哥在美国上学。

(6) 他们上学不穿校服。

(7) 我今年十三岁。

(8) 她今年上九年级。

3 Translation.

(1) 我的衬衫

(2) 姐姐的连衣裙

(3) 他画的花

(4) 爸爸穿的西装

(5) 好看的衣服

(6) 一样的鞋

4 Find the odd one out.

(1) 墨　纸　砚　鸟

(2) 衬衫　毛衣　皮鞋　外套

(3) 围巾　手套　毛巾　帽子

(4) 领带　西装　校服　运动服

(5) 红　笔　蓝　紫

(6) 周末　今年　明天　一样

5 Translation.

(1) I like the red colour most.

(2) My father does not like wearing suits.

(3) My mother likes Chinese paintings.

(4) We should all wear school uniform.

(5) The birds that he drew are very vivid.

(6) The hat that she is wearing's very nice.

(7) What are you doing this weekend?

(8) You should not wear white socks.

6 Fill in the blanks with the words in the box.

穿　戴　带

(1) 爸爸不喜欢＿＿＿西装，
也不喜欢＿＿＿领带。

(2) 我妈妈周末喜欢＿＿＿汗衫、
短裤，她不喜欢＿＿＿裙子。

(3) 北京人在冬天＿＿＿大衣，
＿＿＿帽子、手套和围巾。

(4) 这个小孩没有＿＿＿鞋，
也没有＿＿＿袜子。

(5) 夏天去北京不用＿＿＿毛衣
和外套。

(6) 我今天没有＿＿＿汉语书。

7 Answer the following questions.

(1) 你最喜欢什么颜色？

(2) 你穿校服上学吗？

(3) 你冬天穿什么衣服上学？

(4) 你夏天穿什么衣服上学？

(5) 你最喜欢穿什么衣服？

(6) 你有文房四宝吗？

(7) 你画过中国画吗？

(8) 你写过毛笔字吗？

(9) 你会用筷子吗？

(10) 你喜欢吃中国菜吗？

27

8 Write out the names of the following items of clothing in Chinese.

1 _____

5 _____

10 _____

14 _____

2 _____

6 _____

11 _____

15 _____

3 _____

7 _____

12 _____

16 _____

8 _____

4 _____

9 _____

13 _____

17 _____

9 Reading comprehension.

❶ 我爷爷今年八十八岁，是一个有名的画家。他画的中国画很有名。他画的人物、动物都像真的一样。他从早到晚在家里画画儿。

Find out the Chinese from the passage.

(1) a famous painter

(2) the people, animals that he drew

(3) true to life

(4) He paints from morning till night at home.

❷ 吴先生、吴太太都是中国人。吴先生是大学老师，吴太太是秘书。他们有两个儿子。他们的大儿子今年十九岁，在加拿大上大学。他每年夏天都回上海，看他爸爸、妈妈和弟弟。小儿子今年十五岁，在上海上中学。他每天穿校服上学。他们的校服是白衬衫和蓝裤子。

True or false?

( )(1) 吴先生、吴太太都不工作。
( )(2) 吴先生、吴太太有两个儿子。
( )(3) 他们的大儿子在美国上大学。
( )(4) 他们的小儿子在加拿大上中学。
( )(5) 他们的小儿子不穿校服上学。

10 Describe their clothes in Chinese.

第二单元　天气、假期

第四课　今天是晴天

1 Match the pictures with the weather conditions in the box.

(a) 刮风　　(b) 刮台风　　(c) 下雪　　(d) 阴天

(e) 晴天　　(f) 大风雪　　(g) 下毛毛雨

2 Match the words in column A with the ones in column B.

Ⓐ

(1) 刮

(2) 晴

(3) 下

(4) 台

(5) 气

(6) 天

(7) 多

Ⓑ

(a) 天

(b) 雪

(c) 风

(d) 雨

(e) 云

(f) 气

(g) 温

3 Write the pinyin and then give the meanings of the following phrases.

(1) 大风雪 _____ _____

(2) 晴转多云 _____ _____

(3) 刮台风 _____ _____

(4) 可能会 _____ _____

(5) 多云转阴 _____ _____

(6) 下毛毛雨 _____ _____

(7) 气温 _____ _____

4 Give the meanings of the following radicals. Group the characters according to their radicals.

(1) 刂 knife _____ 刻 _____

(2) 氵 _____

(3) 阝 _____

(4) 车 _____

(5) 日 _____

(6) 雨 _____

(7) 礻 _____

(8) 革 _____

(9) 页 _____

(10) 穴 _____

(11) 巾 _____

(12) 艹 _____

(13) 纟 _____

(14) 木 _____

(a) 穿   (b) 英   (c) 明

(d) 袖   (e) 帽   (f) 零

(g) 刻   (h) 阴   (i) 雪

(j) 领   (k) 转   (l) 温

(m) 晴   (n) 衬   (o) 院

(p) 鞋   (q) 蓝   (r) 颜

(s) 绿   (t) 袜   (u) 机

(v) 棕   (w) 级   (x) 港

5 Find the phrases. Write them out.

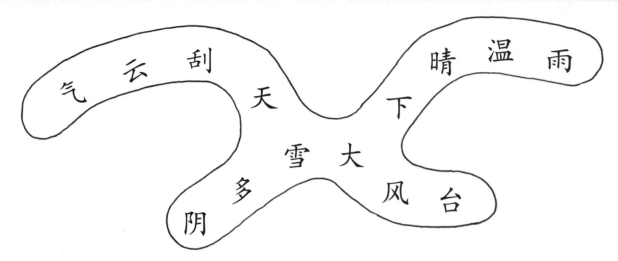

(1) _____ (2) _____ (3) _____ (4) _____

(5) _____ (6) _____ (7) _____ (8) _____

6 Match the descriptions with the pictures.

1

今天下大雪，气温在零下十五度左右。

2

今天多云，气温在二十度左右，刮东南风。

3

今天上午下小雨，下午转多云。

4

今天天晴，刮东南风。

5

今天刮台风，下大雨。

32

7 Find the phrases. Write them out.

阴	很	白	今	晴
天	多	云	年	天
气	少	台	衣	级
温	度	风	长	短
水	牛	仔	裤	袖

(1) _____ (5) _____ (9) _____

(2) _____ (6) _____ (10) _____

(3) _____ (7) _____ (11) _____

(4) _____ (8) _____ (12) _____

8 Give the meanings of the following phrases.

① 雨
- 雨衣
- 雨鞋
- 雨帽
- 雨天
- 雨季
- 雨水
- 下雨
- 毛毛雨

② 风
- 刮风
- 风力
- 风车
- 风水
- 风衣

③ 温
- 温度
- 温度表
- 温水
- 水温
- 气温

④ 雪
- 雪花
- 雪人
- 雪白
- 白雪公主
- 下雪

⑤ 台
- 台子
- 台风
- 月台
- 电台

⑥ 转
- 转车
- 转学
- 转身
- 转头
- 转晴
- 好转

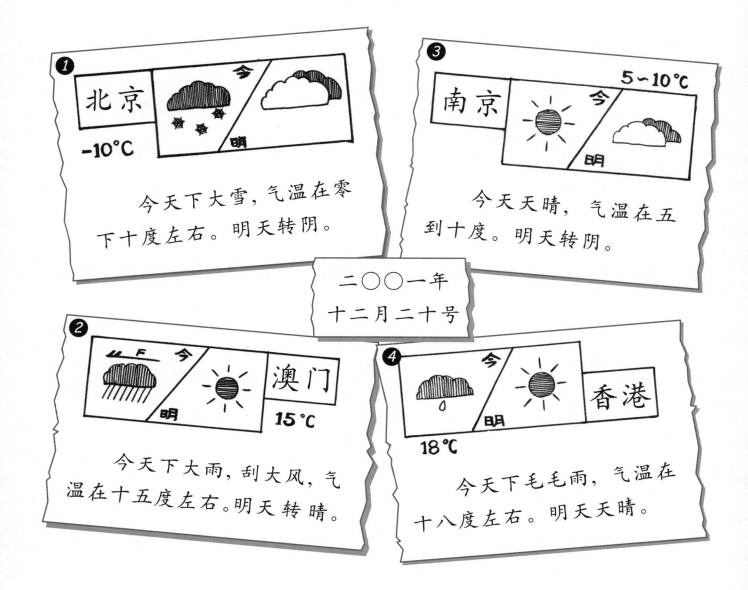

Answer the questions.

(1) 今天北京的天气怎么样?

(2) 明天北京下雪吗?

(3) 澳门今天天气怎么样?

(4) 今天澳门的气温是多少度?

(5) 澳门明天天气怎么样?

(6) 南京今天天气怎么样?

(7) 今天南京的气温是多少度?

(8) 香港今天天气怎么样?

(9) 今天香港的气温是多少度?

(10) 香港明天天气怎么样?

10 Make up weather reports according to the information given.

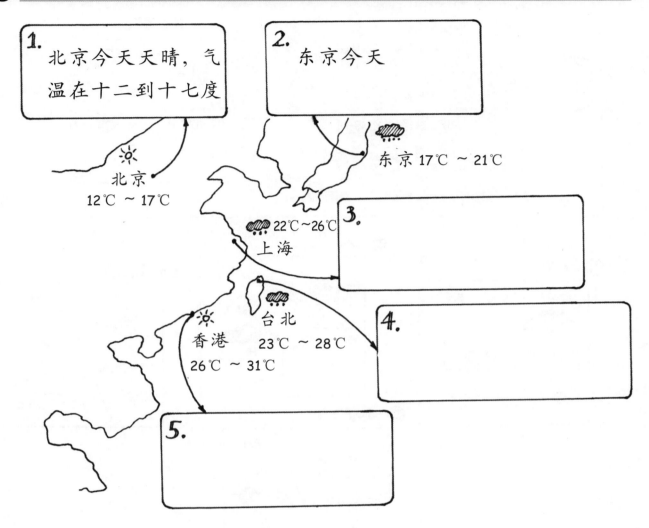

1. 北京今天天晴，气温在十二到十七度

2. 东京今天

3.

4.

5.

北京
12℃ ~ 17℃

东京 17℃ ~ 21℃

22℃~26℃
上海

台北
23℃ ~ 28℃

香港
26℃ ~ 31℃

11 Translation.

(1) 下雨了！

(2) 刮风了！

(3) 没人了！

(4) 我的鞋小了！

(5) 火车来了！

(6) 弟弟长高了！

(7) 天晴了！

12 Circle the right word.

(1) 爸爸的西装是黑 / 墨色的。

(2) 他不喜欢穿袜 / 妹子。

(3) 北京今天有手手 / 毛毛雨。

(4) 今天天气 / 汽很好。

(5) 她应该 / 孩戴帽子。

(6) 上海今天朋 / 阴天，明天
转晴。

13 Write out weather reports based on the information given.

 Example

北京今天天晴, 刮大风, 气温在十五到十八度。明天转多云, 气温在十三度左右。

北京
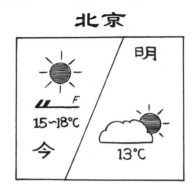

❶ 台北
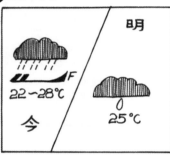

❷ 大连
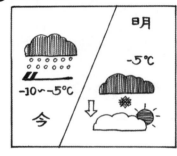

❸ 上海
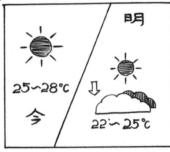

❹ 澳门
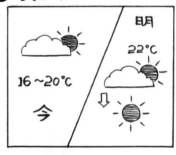

14 Translation.

(1) 今天可能有雨, 你出去应该带雨衣。

(2) 今天可能会下雪, 你出门应该穿外套。

(3) 明天天气可能会转晴。

(4) 今天天气比昨天好。

(5) 今天的雪比昨天的更大了!

(6) 今年夏天阴天多, 晴天少。

阅读（四）北京

1 Translation.

(1) the capital of China

(2) over three thousand years of history

(3) a lot of tourist attractions

(4) for instance

2 Translation.

(1) 东京是日本的首都。

(2) 中国有五千多年的历史。

(3) 我去过很多国家，比如英国、法国、澳大利亚、美国等。

(4) 你看见过长城吗？

(5) 我没有去过故宫。

(6) 我到过天安门。

(7) 法国有很多名胜。

3 Give the meanings of the following phrases.

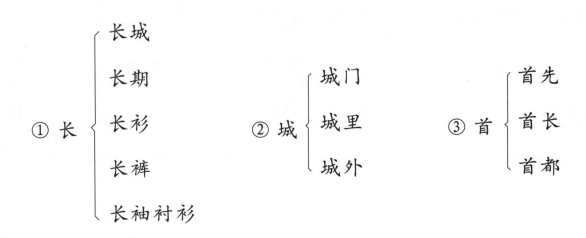

① 长 { 长城 / 长期 / 长衫 / 长裤 / 长袖衬衫

② 城 { 城门 / 城里 / 城外

③ 首 { 首先 / 首长 / 首都

第五课　北京的秋天天气最好

1　Match the Chinese with the English.

(1) 温暖　　　　(a) air-conditioner

(2) 发大水　　　(b) warm

(3) 雷雨　　　　(c) sandals

(4) 暖气　　　　(d) cold dish

(5) 冷气机　　　(e) rainwater

(6) 凉鞋　　　　(f) thunder storm

(7) 凉菜　　　　(g) warm-hearted

(8) 暖色　　　　(h) flooding

(9) 雨水　　　　(i) central heating

(10) 热心　　　(j) warm colours

2　Match the descriptions with the pictures.

1 她应该多穿点儿衣服，还要戴帽子、围巾。

2 他应该多运动，少吃点儿饭。

3 他应该多看书，多写字。

4 他应该多吃点儿饭。

3　Circle the right word.

(1) 今天<u>明／阴</u>天。

(2) 北京的<u>名／多</u>胜很多。

(3) <u>夫／天</u>安门在北京。

(4) 北京冬天常常<u>刮／话</u>西北风。

(5) 今天很<u>京／凉</u>快。

(6) 昨天晚上又打<u>雷／雪</u>又下雨。

(7) 今天很<u>冷／今</u>，气温在零下十度左右。

(8) <u>东／车</u>京今天很热。

38

4 Describe the weather conditions with the help of the words in the box.

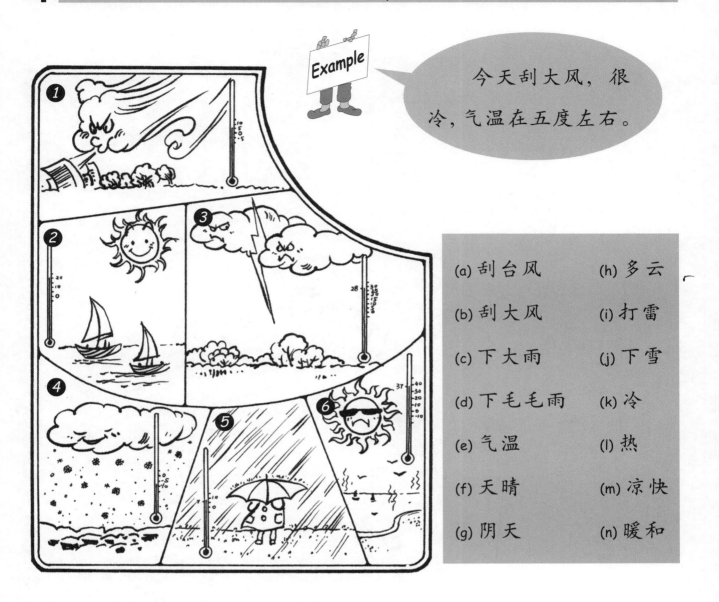

Example

今天刮大风，很冷，气温在五度左右。

(a) 刮台风　　(h) 多云

(b) 刮大风　　(i) 打雷

(c) 下大雨　　(j) 下雪

(d) 下毛毛雨　(k) 冷

(e) 气温　　　(l) 热

(f) 天晴　　　(m) 凉快

(g) 阴天　　　(n) 暖和

5 Fill in the blanks with the words in the box.

毛笔字　国画　好吃　英语　北京　西安　好看　德语

(1) 她又会说 ＿＿＿＿＿＿，又会说 ＿＿＿＿＿＿。

(2) 姐姐又会画 ＿＿＿＿＿＿，又会写 ＿＿＿＿＿＿。

(3) 妈妈做的菜又 ＿＿＿＿＿＿又 ＿＿＿＿＿＿。

(4) 明年夏天我们又想去 ＿＿＿＿＿＿，又想去 ＿＿＿＿＿＿。

① 北京：

今天天晴，气温在一到九度。周末转阴，气温在三到五度。

② 东京：

今天阴天，气温在四到九度。下个星期转暖，气温在十五度左右。

③ 西安：

今天多云，气温在四到十四度，可能会下毛毛雨。下个星期转晴。

④ 台北：

今天下雨，刮东南风。气温在十六到十九度。下个星期转多云，有时候有雨。

⑤ 香港：

今天多云，下午转晴，气温在十六到十九度。下个星期转阴。

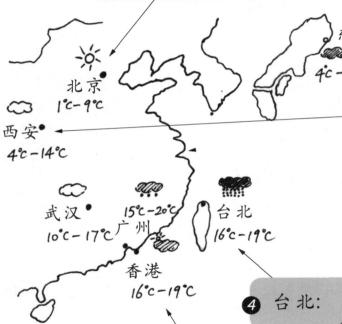

True or false?

( )(1) 北京今天天晴。

( )(2) 东京今天阴天。

( )(3) 西安下个星期转晴。

( )(4) 台北今天刮西北风。

( )(5) 香港今天有雨。

7 Translation.

(1) 他小时候不喜欢吃饭。

(2) 她说话有时候快，有时候慢。

(3) 爸爸下班有时候早，有时候晚。

(4) 张经理常常去中国。

(5) 弟弟早上经常不吃早饭。

(6) 北京冬天不常下雪。

(7) 上课的时候他经常说话。

(8) 今天很冷，你要穿大衣。

(9) 今天不会下雨，你不用带雨衣。

(10) 明天可能会下雪。

8 Find the opposites.

(1) 晴天 →

(2) 暖和 →

(3) 多 →

(4) 快 →

(5) 早 →

(6) 长 →

(7) 冷 →

(8) 不同 →

(a) 一样	(d) 少	(g) 晚
(b) 凉快	(e) 慢	(h) 短
(c) 阴天	(f) 热	

9 Translation.

(1) 你在北京应该多说汉语。

(2) 你要穿大衣去上学，今天可能会下雪。

(3) 你要多穿点儿衣服，今天很冷。

(4) 今天暖和，你不用穿大衣。

(5) 你最好坐飞机去上海。

(6) 你要多吃点儿东西。

(7) 今天刮八号台风，我们不用上学。

10 Translation.

(1) 天气好的时候，我常常骑自行车上学。

(2) When the weather is fine, I often go horse riding.

(3) 吃饭的时候不应该看电视。

(4) You should not read while eating.

(5) 上小学的时候，我不喜欢说话。

(6) He did not like drawing while he was in primary school.

(7) 昨天晚上吃晚饭的时候，我的朋友来了。

(8) While he was in Beijing last year, he picked up some Chinese.

11 Translation.

(1) 今天比昨天冷。

(2) 她的裙子比我的好看。

(3) 他的衣服比弟弟的多。

(4) 今年冬天比去年冬天暖和。

(5) 加拿大的冬天比北京的长。

(6) 夏天上海比西安热。

(7) 这条裤子比那条短。

(8) 弟弟比哥哥高。

12 Translation.

❶

It is cloudy this morning, and there will be light rain in the afternoon. The temperature today is 25℃ to 32℃.

❷

It is sunny today. The temperature is -10℃ ~ -5℃. There is likely to be a snow storm this weekend.

13 Answer the following questions.

(1) 你今年多大了？

(2) 你在哪儿上学？

(3) 你爸爸做什么工作？

(4) 你爸爸在哪儿工作？

(5) 你爸爸每天怎么上班？

(6) 今天是几月几号？星期几？

(7) 今天天气怎么样？气温是多少度？

(8) 你去过美国吗？

(9) 你会说几种语言？

(10) 你穿校服上学吗？

(11) 你最喜欢什么颜色？

(12) 你今天穿什么衣服？

(13) 你的汉语老师今天穿什么衣服？

(14) 你周末喜欢穿什么衣服？

14 Read the descriptions below. Describe the four seasons in your country.

❶ 西安的春天有时候刮风，有时候下雨，气温在十到二十度。

❸ 西安的秋天天气最好，气温在十五度左右，不冷也不热。

❷ 西安七、八月最热，最高温度在三十二度左右，有时候下雨。

❹ 西安的冬天很冷，气温在零下十度左右，有时候下雪，刮西北风。

阅读（五）熊猫

1 Match the pictures with the words in the box.

(a) 虾 (b) 鸟 (c) 虫 (d) 大象 (e) 熊猫 (f) 猫 (g) 熊 (h) 马 (i) 牛

2 Give the meanings of the following phrases.

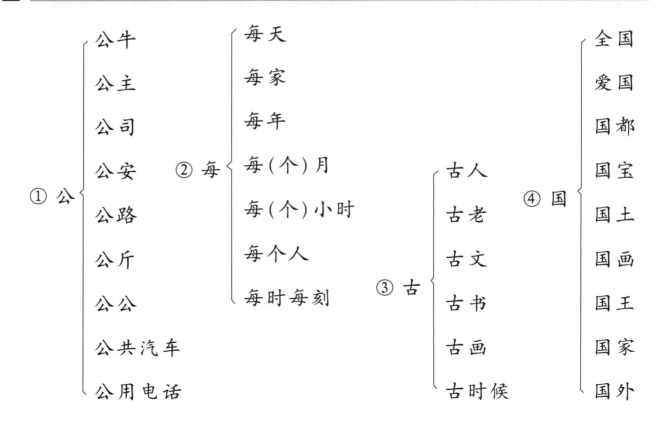

① 公
公牛
公主
公司
公安
公路
公斤
公公
公共汽车
公用电话

② 每
每天
每家
每年
每（个）月
每（个）小时
每个人
每时每刻

③ 古
古人
古老
古文
古书
古画
古时候

④ 国
全国
爱国
国都
国宝
国土
国画
国王
国家
国外

第六课 暑假最长

1 Write the pinyin and the meanings of the following phrases.

(1) 假期 _____ _____

(2) 度假 _____ _____

(3) 海边 _____ _____

(4) 游泳 _____ _____

(5) 晒太阳 _____ _____

(6) 开始 _____ _____

(7) 那儿 _____ _____

(8) 学期 _____ _____

(9) 国外 _____ _____

(10) 凉快 _____ _____

(11) 暖和 _____ _____

(12) 第一 _____ _____

2 Answer the questions in Chinese according to the English given.

(1) 你们什么时候放假？ (next Monday) _____下星期一。_____

(2) 妈妈，我们什么时候吃晚饭？ (7:30) _____

(3) 老师，我们什么时候开始学普通话？ (next term) _____

(4) 马老师，我们什么时候开始学中国历史？ (Year 9) _____

(5) 爸爸，我什么时候开始上学？ (this September) _____

(6) 火车几点开？ (3:30pm) _____

(7) 爸爸，你几点去上班？ (8:15 am) _____

(8) 妈妈，你几点下班回家？ (5:30pm) _____

(9) 王老师，我们几号去西安？ (29th October) _____

(10) 你想哪天去故宫？ (tomorrow) _____

北京的天气

北京的春天常常刮大风，很少下雨。夏天很热，经常是晴天，不常下雨。北京的秋天是一年中最好的季节，不冷也不热。冬天很冷，不常下雪，常刮西北风。

_____

_____

_____

_____

_____

_____

_____

4 Match the Chinese with the English.

(1) 暑期班　　(a) holidays

(2) 节假日　　(b) summer school

(3) 游泳裤　　(c) words in common use

(4) 常用字　　(d) swimming suit

(5) 地雷　　　(e) Southeast Asia

(6) 第一名　　(f) cruise

(7) 东南亚　　(g) swimming trunk

(8) 游船　　　(h) landmine

(9) 游泳衣　　(i) No. 1

5 Find the partners.

(1) 气 _____　　(6) 凉 _____

(2) 可 _____　　(7) 暑 _____

(3) 台 _____　　(8) 假 _____

(4) 暖 _____　　(9) 开 _____

(5) 打 _____　　(10) 多 _____

温	雷	快	云
能	始	和	风
期	假		

6 Fill in the blanks with the words in the box.

经常／常常　　　每天　　　每年　　　每个月　　　……的时候

有时候　　　去年　　　明年　　　昨天　　　什么时候

(1) 我＿＿＿＿＿＿(last year)暑假去上海了。

(2) 小山＿＿＿＿＿＿(every day)坐校车上学。

(3) 小文＿＿＿＿＿＿(yesterday)没有去上学。

(4) 他爸爸是商人。他＿＿＿＿＿＿(often)出国。

(5) 你们＿＿＿＿＿＿(when)开始放暑假？

(6) 小明的一家＿＿＿＿＿＿(next year)去美国度假。

(7) 西安冬天＿＿＿＿＿＿(sometimes)下雪。

(8) 爸爸＿＿＿＿＿＿(every month)都去上海。

(9) 王太太＿＿＿＿＿＿(often)去海边晒太阳。

(10) 我妈妈很喜欢欧洲。她＿＿＿＿＿＿(every year)都去欧洲度假。

(11) 吃饭＿＿＿＿＿＿(while)不要说话。

7 Find the opposites.

(1) 大 →　　(6) 东 →　　(11) 早 →

(2) 长 →　　(7) 北 →　　(12) 慢 →

(3) 左 →　　(8) 上 →　　(13) 不同 →

(4) 热 →　　(9) 好看 →　　(14) 少 →

(5) 凉快 →　　(10) 经常 →　　(15) 阴天 →

(a) 一样　(b) 小　(c) 右　(d) 短

(e) 冷　(f) 西　(g) 暖和　(h) 快

(i) 晚　(j) 多　(k) 不好看

(l) 下　(m) 不常　(n) 晴天　(o) 南

8 Match the descriptions with the pictures.

(1) 发大水了！

(2) 我的衣服太小了！不能穿了！

(3) 她明天去加拿大。她要带很多衣服去。

(4) 他穿汗衫和短裤。

(5) 下大雨了！不能出去了！

(6) 他们放学回家了！

(7) 她是家庭主妇，她每天在家。

(8) 她在等她的朋友。她的朋友还没有来。

48

9 Finish the following sentences.

(1) _____ (this summer holiday) 从七月五号开始。

(2) 我们学校一年有两个学期。_____ (the first term) 一月二十号开学。

(3) 我小时候上海天气很冷，_____ (every winter) 都下雪。

(4) 今年夏天我们全家去欧洲 _____ (spend holidays)。

(5) 你们春节 _____ (what time) 开始放假？

(6) 英国冬天 _____ (sometimes) 下大雪。

(7) 李胜的爸爸 _____ (often) 出国。

(8) 这几天天气开始转凉了，你 _____ (should) 多穿点儿衣服。

(9) 她非常喜欢游泳，她 _____ (every day) 都去游泳。

(10) 我们家在美国住过 _____ (3 years)。

10 Find the phrases. Write them out.

晒	开	始	游	船
太	署	假	第	泳
阳	学	期	海	一
国	外	那	左	边
家	套	哪	儿	右

(1) _____

(2) _____

(3) _____

(4) _____

(5) _____

(6) _____

(7) _____

(8) _____

(9) _____

(10) _____

(11) _____

(12) _____

11 Match the descriptions with the people.

4 他穿白色的衬衫、黑色的毛衣和黑白格子的长裤。他头发不多。

3 他穿白色的衬衫和灰色的长裤。他还戴领带。他脚上穿黑色的皮鞋。

1 她穿白色的衬衫和黑色的短裙，脚上穿黑色的皮鞋。她的头发不长也不短。

2 他穿花衬衫、白毛衣和条子长裤，脚上穿运动鞋。

12 Make up phrases.

(1) 暑假 → 假 ___

(2) 去世 → 世 ___

(3) 外国 → 国 ___

(4) ___ 海 ← 海边

(5) ___ 度 ← 度假

(6) ___ 动 ← 动物

(7) 古老 → 老 ___

(8) ___ 国 ← 国宝

(9) 花鸟画 → 画 ___ ___

(10) ___ 校 ← 校服

(11) 毛衣 → 衣 ___

(12) 外套 → 套 ___

13 Reading comprehension.

方方

今年暑假我和六个同学去法国度假了。我们住在一个三星级的酒店里，在那儿住了一个星期。法国夏天很热，白天气温在三十度以上。我们在那儿的头两天天气不好，但是后来几天天气都很好。我们每天去海边游泳、晒太阳，大家都晒黑了。

Answer the questions.

(1) 今年暑假方方和谁去了法国？

(2) 她们住在哪儿？

(3) 她们在法国住了几天？

(4) 法国的夏天天气怎么样？

(5) 她们在法国的头两天天气怎么样？

(6) 她们在法国的时候去哪儿游泳了？

14 Translation.

(1) 他八岁开始学骑马。

(2) She started to learn Chinese painting at the age of 10.

(3) 你们下个学期什么时候开学？

(4) When do your summer holidays start?

(5) 你今年春节想去哪儿？

(6) Where are you going over the summer holidays?

(7) 我在北京住过三年。

(8) He lived in Japan for ten years.

阅读（六）风筝

1 Translation.

(1) home town of the kite

(2) the models of kites

(3) human figures

(4) over two thousand years of history

(5) to fly a kite

(6) the best season

2 Answer the questions.

(1) 风筝的故乡在哪儿？

(2) 风筝的式样多不多？

(3) 你看见过风筝吗？

(4) 你放过风筝吗？

(5) 你在哪儿放过风筝？

3 Give the meanings of the following phrases.

① 放
开放
放假
放心
放下
放手
放大
放火
放风筝
放学

② 乡
家乡
故乡
老乡
同乡

③ 鱼
鱼雷
美人鱼

4 Translation.

(1) home town of the giant panda

(2) the styles of clothing

(3) home town of birds

(4) the styles of leather shoes

第七课　我最喜欢过寒假

1　Write the pinyin and the meanings of the following phrases.

(1) 滑冰 _____ _____

(2) 滑雪 _____ _____

(3) 堆雪人 _____ _____

(4) 放寒假 _____ _____

(5) 因为 _____ _____

(6) 所以 _____ _____

(7) 父母亲 _____ _____

(8) 非常 _____ _____

(9) 每次 _____ _____

(10) 暖和 _____ _____

(11) 凉快 _____ _____

(12) 温度 _____ _____

(13) 季节 _____ _____

(14) 故乡 _____ _____

(15) 式样 _____ _____

(16) 海边 _____ _____

2　Find the opposites.

(1) 左 →

(2) 寒假 →

(3) 热 →

(4) 一点儿 →

(5) 慢 →

(6) 早 →

(7) 白 →

(8) 阴 →

(9) 长 →

(10) 暖和 →

(11) 来 →

(12) 里 →

(a) 凉快	(b) 暑假	(c) 去
(d) 黑	(e) 很多	(f) 快
(g) 右	(h) 晚	(i) 冷
(j) 短	(k) 阳	(l) 外

3 Sort out the words according to different topics.

温度　　衬衫　　游泳　　西装　　晴转多云　　滑雪

雷雨　　滑冰　　外套　　领带　　围巾　　骑自行车

刮台风　套装　　寒冷　　骑马　　连衣裙　暖和　　帽子

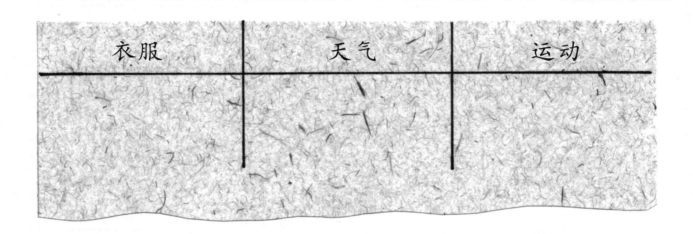

衣服　　　　　　天气　　　　　　运动

4 Answer the questions.

(1) 你游泳游得怎么样？

(2) 你写字写得怎么样？

(3) 你画画儿画得怎么样？

(4) 你滑冰滑得怎么样？

(5) 你滑雪滑得怎么样？

(6) 你骑马骑得怎么样？

(7) 你爸爸开车开得怎么样？

(8) 你妈妈做饭做得怎么样？

(9) 你说汉语说得怎么样？

5 Give the meaning of each word.

(1) 弟 _____ 第 _____

(2) 泳 _____ 冰 _____

(3) 暑 _____ 都 _____

(4) 边 _____ 过 _____

(5) 次 _____ 欢 _____

(6) 谁 _____ 堆 _____

(7) 阴 _____ 阳 _____

(8) 雪 _____ 雷 _____

54

6 Finish the following dialogues.

(1) A: 你是在哪儿出生的？（美国）

B: 我是在美国出生的。

(2) A: 你是怎么来的？（走路）

B: _____

(3) A: 他是几点回家的？（六点半）

B: _____

(4) A: 你是和谁去上海的？（姐姐）

B: _____

(5) A: 你是哪年来香港的？（1995 年）

B: _____

(6) A: 你是在哪儿学的中文？（北京）

B: _____

7 Fill in the blanks with the words in the box.

……的时候　　什么时候

两次　有时候　每天　经常

(1) 北京冬天_____(sometimes)下雪。

(2) 上海春天_____(often)下雨。

(3) 我两岁_____(when)，我们全家去了加拿大。

(4) 你们_____(when)开始放寒假？

(5) 我_____(everyday)坐校车上学。

(6) 我去过美国_____(twice)。

8 Circle the right word.

(1) 今年赛／寒假你去哪儿？

(2) 每／海天晚上他都去游泳。

(3) 下雪的时候我会谁／堆雪人。

(4) 他非常喜欢滑冰／泳。

(5) 他父母／每亲都工作。

(6) 王先生在一家工广／厂工作。

(7) 她丈／大夫是经理。

(8) 我不会说广东语／话。

(9) 一年有四个李／季节。

(10) 我们七月一日开始游／放假。

55

9 Fill in the blanks with proper measure words.

| 个 只 头 条 张 件 家 套 本 |

(1) 一 _____ 领带

(2) 一 _____ 鸟

(3) 一 _____ 外套

(4) 一 _____ 生日卡

(5) 一 _____ 饭店

(6) 一 _____ 运动服

(7) 一 _____ 母牛

(8) 一 _____ 小人书

(9) 一 _____ 虾

(10) 一 _____ 西装

(11) 一 _____ 熊猫

(12) 一 _____ 衬衫

(13) 一 _____ 连衣裙

(14) 一 _____ 哥哥

(15) 一 _____ 银行

(16) 一 _____ 汉语书

(17) 一 _____ 纸

(18) 一 _____ 学校

10 Translation.

(1) 他滑冰滑得很好。

(2) She skies very well.

(3) 我是坐火车来的。

(4) He went by boat.

(5) 这是我第一次来美国。

(6) This is my first time to paint Chinese paintings.

(7) 我去过北京好几次。

(8) I have seen him several times.

(9) 你滑过几次雪？

(10) How many times have you been to the Great Wall?

11 Give the meanings of the following phrases.

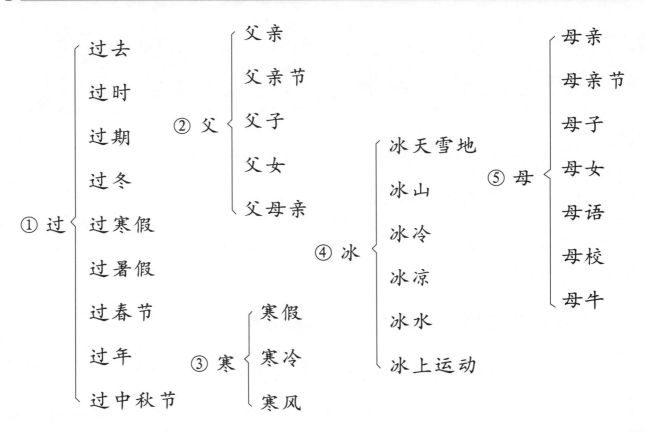

① 过 ⎰ 过去 / 过时 / 过期 / 过冬 / 过寒假 / 过暑假 / 过春节 / 过年 / 过中秋节

② 父 ⎰ 父亲 / 父亲节 / 父子 / 父女 / 父母亲

③ 寒 ⎰ 寒假 / 寒冷 / 寒风

④ 冰 ⎰ 冰天雪地 / 冰山 / 冰冷 / 冰凉 / 冰水 / 冰上运动

⑤ 母 ⎰ 母亲 / 母亲节 / 母子 / 母女 / 母语 / 母校 / 母牛

12 Finish the following sentences.

(a) 每年都去美国度假。

(b) 没有上学。

(c) 很想去故宫看看。

(d) 穿上大衣。

(e) 也想学汉语。

(f) 喜欢过暑假。

(1) 因为今天下大雨，刮台风，所以我 _____

(2) 因为今天很冷，所以你出门要 _____

(3) 因为他非常喜欢美国，所以他 _____

(4) 因为这是她第一次来北京，所以她 _____

(5) 因为她爸爸会说汉语，所以她 _____

(6) 因为暑假最长，有两个月，所以姐姐 _____

13 Fill in the blanks with the words in the box.

要	是……的	因为……，所以……
看上去（像）	应该	可能会	不用

(1) 外边下大雨，你出去 _____ (must) 穿雨衣。

(2) 今天不会下雨，你 _____ (no need to) 带雨衣。

(3) 冬天去加拿大，你 _____ (should) 带大衣、毛衣、围巾、帽子和手套。

(4) 我的笔友明年 _____ (possibly) 来香港。

(5) _____ (because) 今天天气好，_____ (so) 我们会去放风筝。

(6) 因为他 _____ 在美国出生、长大 _____ (emphasize place)，所以他说美国英语。

(7) 我 _____ 昨天晚上到香港 _____ (emphasize time)。

(8) 今天学校放假，所以我 _____ (no need to) 上学。

(9) 他 _____ (looks) 三十多岁。

(10) 那个男人 _____ (looks like) 老师。

14 Find the odd one out.

(1) 天安门　城里　长城　故宫

(2) 熊猫　大象　虫子　马

(3) 笑　风筝　竹筷　笔

(4) 冷　凉　暖　寒假

(5) 绿　阴　晴　多云

(6) 零　雨　风　雪

(7) 暑假　寒假　寒冷　假期

(8) 东京　北京　东方　南京

15 Reading comprehension.

我叫安然，是加拿大人。加拿大一年有四季：春、夏、秋、冬。加拿大的春天很美，常常是晴天，气温在五到十五度。加拿大的夏天很短，不太热，气温在二十八度左右，有时也会刮风、下大雨。加拿大的秋天来得很早，每年九月天气开始转凉。秋天是一年中最美的季节。加拿大的冬天很长，有六个月。冬天天气很冷，经常下大雪，最冷的时候气温有零下三、四十度。我喜欢下雪天，因为可以去滑冰、滑雪。加拿大的冬天也很美。

Answer the questions.

(1) 加拿大的春天天气怎么样？ (3) 加拿大一年中哪个季节最美？

(2) 加拿大的夏天气温多少度？ (4) 加拿大的冬天常常下雪吗？

16 True or false?

( )(1) 东京是日本的首都。

( )(2) 上海是中国的首都。

( )(3) 北京一共有三个名胜。

( )(4) 熊猫也爱吃鱼。

( )(5) 中国是风筝的故乡。

17 Give the meaning of each character.

① 晴 ＿＿＿
暖 ＿＿＿
暑 ＿＿＿
晒 ＿＿＿
春 ＿＿＿

② 凉 ＿＿＿
冷 ＿＿＿
冰 ＿＿＿
寒 ＿＿＿
冬 ＿＿＿

① 我喜欢寒假,因为在寒假里经常下雪,我喜欢下雪天。我喜欢堆雪人,我还喜欢滑冰、滑雪。

② 我不喜欢寒假,因为天气太冷了。我喜欢暑假,因为暑假里我可以去海里游泳和滑水。我还喜欢去海边晒太阳。

③ 我最喜欢过暑假,因为暑假很长,有两个月,不用上学。我喜欢一个人在家看书。我最喜欢看小说。

④ 我不喜欢暑假,暑假太热了,气温经常在35℃以上,家里又没有冷气机。我喜欢寒假。寒假里我可以去滑冰和滑雪。

⑤

7

19 Read the sample passages. Then write your own.

❶ 夏天去英国，你应该带汗衫、长裤、短裤，但是也要带雨衣。在英国，雨衣很有用，因为那里经常下雨。你也应该带外套，因为英国常常都会冷。

❷ 冬天去英国，你要带毛衣、外套、手套、围巾、帽子等。在英国，大衣很有用，因为那里的冬天有时候很冷，也会常常下雨、下雪。

❸ 夏天来我们国家，你应该带＿＿＿＿＿＿＿＿＿＿＿

＿＿＿＿＿＿＿＿＿＿＿＿＿＿＿＿＿＿＿＿＿＿＿＿，

因为＿＿＿＿＿＿＿＿＿＿＿＿＿＿＿＿＿＿＿＿＿＿。

❹ 冬天来我们国家，你应该带＿＿＿＿＿＿＿＿＿＿＿

＿＿＿＿＿＿＿＿＿＿＿＿＿＿＿＿＿＿＿＿＿＿＿＿，

因为＿＿＿＿＿＿＿＿＿＿＿＿＿＿＿＿＿＿＿＿＿＿。

生词

第四课　晴天　台北　气温　度　转　多云　可能　下雨　毛毛雨

澳门　阴天　台风　东京　刮西北风　左右　大风雪　零下

天气　怎么样　多少

首都　千　名胜　比如　天安门　故宫　长城

第五课　暖和　有时候　……的时候　热　常常＝经常

又……又……　打雷　凉快　冷

熊猫　古老　动物　国宝　爱　竹子　只　公斤

第六课　暑假　放假　假期　度假　第一　学期　国外　海边

游泳　晒　太阳　开始　新加坡　那儿　两个星期

什么时候

风筝　故乡　式样　鱼　虫　季节

第七课　过　寒假　滑雪　得　是……的　台湾　因为……,所以……

父母亲　每次　堆雪人　戴上　看上去(像)

韩国　非常　滑冰

总复习

1. Weather conditions

① 刮风
刮台风
下雨
下毛毛雨
下雪
大风雪
打雷
雷雨

② 多云
晴天
阴天
热
冷
凉快
暖和
晴转多云

2. Holidays

① 暑假
寒假
放假
度假
假期

3. Activities

① 游泳
晒太阳
放风筝
堆雪人
滑冰
滑雪

4. Verbs and adverbs

要　　不用　　爱　　开始　　看上去(像)

可能(会)　　有时候　　常常＝经常　　非常

5. Conjunctions and set phrases

(1) 又……又……　　(a) 妈妈做的饭又好看又好吃。

(b) 他又想去滑冰，又想去滑雪。

(2) 因为……，所以……　　(a) 因为这几天很热，所以游泳的人很多。

6. Question words + phrases

什么时候？　　　怎么样？　　　多少度？

7. Grammar

(1) 是……的　　(a) 他是在上海出生的。

(b) 他是 1975 年去英国的。

(c) 他是走路来的。

(2) 得　　(a) 他游泳游得快。

(3) duration of action　　(a) 他在北京住过三年。

(b) 我们会在法国住两个星期。

(4) 次　　(a) 我去过日本三次。

(b) 这是我第一次来香港。

8. The following words have more than one meaning

(1) 过 ｛ 去过　看过

过暑假　过春节　过生日

(2) 度 ｛ 二十度　零下五度

度假　度周末

(3) 都 ｛ 都工作　都上学

首都

64

9. Radicals

车　舌　雷　冫　犭　罒

10. Questions and answers

(1) 今天天气怎么样？　　晴转多云。

(2) 今天气温多少度？　　十五到二十度。

(3) 今天会下雨吗？　　下午可能会下雨。

(4) 你一年有几个假期？　　三个假期。

(5) 你今天什么时候回家？　　下午四点半。

(6) 你们什么时候开始放暑假？　　七月一号。

(7) 今年暑假你会去哪儿度假？　　美国。

(8) 去年寒假你去哪儿度假了？　　加拿大。

(9) 你去过北京的长城吗？　　去过。

(10) 你是什么时候开始学汉语的？　　七年级。

(11) 你会游泳吗？　　会。

(12) 你游泳游得怎么样？　　还可以。

(13) 你是在哪儿出生的，在哪儿长大的？

我在英国出生，在香港长大。

测验

1 Write the weather forecast in Chinese.

		今　天
北京	✳ ☽ ✳ ✳ -10℃ ~ -15℃	北京今天下大雪，刮大风，气温在零下十度到零下十五度。
上海	上午 → 下午 15℃~20℃	
香港	☀ 30℃~32℃	
西安	上午 → 下午 20℃~25℃	

2 Match the Chinese with the English.

(1) 刮风   (a) nice and warm

(2) 打雷   (b) rain storm

(3) 雷雨   (c) thunder

(4) 暖和   (d) typhoon No.8

(5) 8号台风   (e) heavy snow storm

(6) 大风雪   (f) overcast

(7) 阴天   (g) windy

(8) 晴转多云   (h) change from fine to cloudy

3 Fill in the blanks with "的" or "得".

(1) 北京 _____ 名胜很多。

(2) 他写字写 _____ 很慢。

(3) 她爷爷画画儿画 _____ 很好。

(4) 中国是熊猫 _____ 故乡。

(5) 风筝 _____ 式样很多。

(6) 我哥哥滑雪滑 _____ 很好。

4 Translation.

(1) 北京有很多名胜，比如天安门、故宫、长城等。

(2) 爸爸画的熊猫像真的一样。

(3) 他吃饭吃得很少。

(4) 他走路走得非常慢。

(5) 他看书看得很快。

(6) 她看上去像老师。

5 Answer the following questions.

(1) 中国的首都在哪儿？

(2) 北京有什么名胜？

(3) 熊猫最爱吃什么？

(4) 你看见过熊猫吗？

(5) 风筝的故乡在哪儿？

(6) 你放过风筝吗？

6 Reading comprehension.

北京在中国的北方，是中国的首都。北京一年有四个季节：春天、夏天、秋天和冬天。每年的三月到五月是春天。北京的春天晴天多，阴天少，不常下雨，但经常刮风。夏天是六月到八月。夏天的天气很热，有时候下雨，最高气温有三十六度。秋天是九月到十一月。秋天天气最好，不冷也不热，是度假的最好季节。冬天从十二月开始到第二年二月。冬天天气很冷，但不常下雪，常刮西北风，气温常常在零度以下。

Answer the questions.

(1) 北京的春天天气怎么样？

(2) 北京的夏天气温最高有多少度？

(3) 北京的秋天从几月开始？

(4) 北京的冬天常下雪吗？

(5) 哪个季节去北京度假最好？

67

7 Answer the following questions.

(1) 今天天气怎么样？

(2) 今天气温多少度？

(3) 今天会下雨吗？

(4) 你们一年有几个学期？

(5) 你今年什么时候开始放暑假？

(6) 你今年暑假去哪儿？

(7) 去年寒假你去哪儿了？

(8) 你去过北京的故宫吗？

(9) 你是在哪儿出生，在哪儿长大的？

(10) 你会滑雪吗？滑得怎么样？

(11) 你是什么时候开始学汉语的？

8 Reading comprehension.

去年暑假, 王云全家去英国度假了。因为她小时候在英国住过四年，所以她很想再回英国去看看。英国夏天的天气很好，不是太热，但是有时候最高气温也会有三十度左右。去年夏天天气非常好，每天都有太阳，又不太热。她们住在一家酒店里，一共住了十天。她这次假期过得很开心。

Answer the questions.

(1) 去年暑假王云去哪儿度假了？

(2) 她在英国住过几年？

(3) 英国夏天天气怎么样？

(4) 去年夏天王云在英国的时候天气怎么样？

(5) 他们在英国住了几天？

(6) 王云的暑假过得怎么样？

9 Translation.

(1) I have been to America once.

(2) Our winter holiday starts on January 14th.

(3) He has lived in Canada for 7 years.

(4) It was in Beijing where I learned Chinese.

(5) He sometimes walks to school.

(6) He looks like a businessman.

(7) Where were you born?

(8) She swims really fast.

68

第三单元　爱好

第八课　我的爱好是听音乐

1 Circle the correct pinyin.

(1) 音乐　　(a) yīnyuè　　(b) yīnyèu

(2) 古典　　(a) gǔdiǎng　　(b) gǔdiǎn

(3) 游戏　　(a) yóuxì　　(b) yóusì

(4) 电脑　　(a) diàngnǎo　　(b) diànnǎo

(5) 作业　　(a) zuòyè　　(b) zòuyè

(6) 电视　　(a) diànsì　　(b) diànshì

(7) 流行　　(a) liúxín　　(b) liúxíng

(8) 电影　　(a) diànyǐng　　(b) diànyǐn

(9) 跳舞　　(a) tiàowǔ　　(b) tiàohǔ

(10) 爱好　　(a) àihǎo　　(b) àihào

2 Give the meaning of each word.

(1) 银 _____　　很 _____

(2) 业 _____　　亚 _____

(3) 胜 _____　　姓 _____

(4) 完 _____　　玩 _____

(5) 吗 _____　　妈 _____

(6) 那 _____　　哪 _____

(7) 领 _____　　冷 _____

(8) 京 _____　　凉 _____

(9) 亲 _____　　音 _____

(10) 水 _____　　冰 _____

3 Write a phrase for each picture.

❶ 听音乐

❷

❸

❹

❺

❻

❼

❽

4 Answer the following questions.

(1) 你喜欢听古典音乐还是流行音乐？

(2) 你喜欢玩电脑游戏还是看电视？

(3) 你喜欢看电视还是看电影？

(4) 你喜欢滑冰还是滑雪？

(5) 你喜欢过暑假还是寒假？

(6) 你喜欢去英国度假还是去法国度假？

(7) 你想去美国上大学还是去英国上大学？

(8) 你喜欢听音乐还是跳舞？

(9) 你喜欢写毛笔字还是画中国画？

(10) 你想做律师还是医生？

5 Finish the following sentences with the help of the words in the box.

| 有时候 经常／常常 总是 每天 |
| ……的时候 每个星期 每年 |

(1) 我们 _____ (have homework everyday)。

(2) 他弟弟 _____ (sometimes plays computer games)。

(3) 放学回家以后，我 _____ (always do homework first)，然后看一会儿电视。

(4) 我哥哥不喜欢听古典音乐，他 _____ (often listens to pop music)。

(5) _____ (While doing homework)，不应该看电视。

(6) 我 _____ (go swimming every week)。

(7) 他 _____ (goes to Australia every year)度假。

6 Finish the following sentences.

1

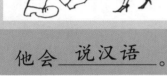
他会 ___说汉语___。

2

每个周末他们都
去 _____。

3

她很会 _____。

4

她喜欢做作业的
时候 _____。

5

他总是早上 _____。

6

他爷爷喜欢 _____。

7

他每天都_____。

8

小明的妈妈喜
欢 _____。

9

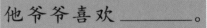
他非常喜欢
_____。

7 Write one sentence for each set of pictures.

Example

他画完画儿以后去骑马。

①

_____

②

_____

③

_____

④

7+14=? π=3.141......
ABCD 4X+3Y=52

_____

⑤

_____

8 Finish the following sentences.

(1) 妈妈，我想 _____ (watch TV for a short while)。

(2) _____ (after arriving home from school)，我总是先吃一点儿东西，然后做作业。

(3) 英文小说、中文小说，_____ (I like them all)。

(4) _____ (after finishing dinner)，我去玩电脑。

(5) _____ (I have many hobbies)，但是我最喜欢听音乐。

(6) 做完作业以后，_____ (I always read for a short while)。

72

9 Fill in the blanks with the phrases in the box.

1

今天刮大风、下大雨，不要出去了，你可以在家＿＿＿＿。

(a) 玩电脑

(b) 多穿点儿衣服

(c) 去海边游泳

(d) 晒太阳

(e) 堆了一个大雪人

(f) 走路去上班

2

昨天下了大雪。今天孩子们在雪地里玩。他们＿＿＿＿。

3

今天真冷，零下十五度。他应该＿＿＿＿。

4

今天很热。我们可以＿＿＿＿。

5

今天刮台风，下大雨，他不应该＿＿＿＿。

6

今天天气真好，很暖和，又没有风。我们可以去＿＿＿＿。

我叫王乐，今年十七岁。我是在上海出生，在香港长大的。我现在上高中二年级。我会说好几种语言和方言。我会说英语、汉语、上海话和广东话，我还想学法语和德语。我去过很多国家，比如英国、法国、德国、韩国、马来西亚、墨西哥、南非等。

我有很多爱好。我喜欢看小说、听音乐、跳舞和画画儿。周末我有时候去滑冰。

今年暑假我和家人会去新加坡度假。新加坡夏天很热。我们会去海边游泳、晒太阳。

Circle the right answer.

(1) 王乐今年＿＿＿＿＿＿＿＿＿＿。

　(a) 二十岁　(b) 十七岁　(c) 十二岁

(2) 王乐＿＿＿＿＿＿＿＿＿＿。

　(a) 在上海出生，在香港长大

　(b) 在香港出生，在香港长大

　(c) 在上海出生、长大

(3) 王乐会说＿＿＿＿＿＿＿＿＿＿。

　(a) 三种语言　　(b) 五种语言

　(c) 两种语言、两种方言

(4) 王乐去过＿＿＿＿＿＿国家。

　(a) 十八个　(b) 三个　(c) 很多

(5) 今年暑假她会去＿＿＿＿＿。

　(a) 墨西哥　(b) 西班牙　(c) 新加坡

11 Give the meanings of the following phrases.

① 音 { 口音 / 语音 / 男高音 / 女高音 / 古典音乐 / 流行音乐

② 总 { 总是 / 总共 / 总机 / 总理

③ 业 { 作业 / 工业 / 手工业

④ 脑 { 脑子 / 头脑 / 大脑

⑤ 跳 { 跳舞 / 跳高 / 跳水

⑥ 流 { 电流 / 水流 / 气流

⑦ 听 { 好听 / 听话 / 听见

12 Match the descriptions with the people.

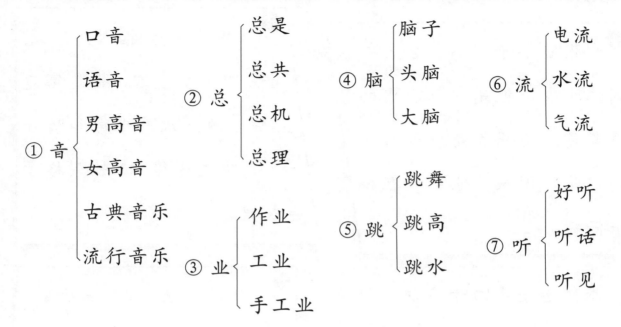

2

李云个子最高。他看上去像十二年级的学生。他穿外套、长裤，脚上穿运动鞋。

3

王小文看上去像十年级的学生。她的头发不长也不短。她穿花衬衫、黑裙子,脚上 穿白皮鞋。

1

马小春看上去像十一年级的学生。他穿条子外套、白衬衫和长裤，他还戴领带。他脚上穿黑皮鞋。

13 Match the descriptions with the people.

1 张胜个子不高，看上去不到二十岁。他是一家酒店的服务员。他爸爸是中国人，妈妈是美国人。他穿毛衣和牛仔裤。

2 胡雪个子也不高，看上去四十岁左右。她是家庭主妇。她喜欢看电影和听音乐。她丈夫是律师。她穿格子连衣裙。

3 李阳看上去二十多岁。他在非洲出生，是南非人。他在一家汽车公司工作。他喜欢周游世界，到过很多国家。他穿汗衫和牛仔裤。

4 王冰看上去二、三十岁。她的头发不长也不短。她穿套装和皮鞋。她在一家台湾公司做秘书。她喜欢看美国电影，还喜欢看书。

Answer the questions.

(1) 张胜做什么工作？

(2) 张胜今天穿什么衣服？

(3) 胡雪的爱好是什么？

(4) 胡雪的丈夫做什么工作？

(5) 李阳出生在哪儿？

(6) 李阳在哪儿工作？

(7) 王冰做什么工作？

(8) 王冰的爱好是什么？

14 Translation.

(1) 他表哥是个电影明星。

(2) 我们每天都有听写。

(3) 学语言要多听、多说、多看、多写。

(4) 我爸爸汉语说得很流利。

(5) 总的来说，香港是个不错的地方。

(6) 王先生是个总工程师。

(7) 她弟弟只有一岁，很好玩。

(8) 听说这个日本电影非常好看。

(9) 李太太爱开玩笑。

15 Find the phrases. Write them out.

跳	舞	运	动	服
作	电	话	做	晚
工	业	脑	早	饭
流	电	视	游	店
利	行	影	泳	戏

(1) _____

(2) _____

(3) _____

(4) _____

(5) _____

(6) _____

(7) _____

(8) _____

(9) _____

(10) _____

(11) _____

(12) _____

(13) _____

(14) _____

16 Read the following paragraphs. Then write one about yourself.

1. 王星是中国人，他是九年级，他的爱好是看电视、看电影和玩电脑。他每天放学回家以后总是先做作业，然后看电视。

2. 李冰今年上十年级，她不喜欢听古典音乐，也不喜欢听流行音乐。她只有一个爱好：看电影。她最爱看美国电影。每个周末她都去看电影。

3. 周文宝今年十六岁，上高中一年级。她非常喜欢听音乐。古典音乐、流行音乐，她都喜欢听。她还喜欢跳舞。

我叫 _____

_____

_____ 。

17 Answer the following questions.

(1) 你是在哪儿出生的？

(2) 你小时候住在哪儿？

(3) 你小时候爱上学吗？

(4) 你在外国住过吗？

(5) 你以后想去哪儿上大学？

(6) 你常去国外度假吗？

(7) 你们学校的学生穿不穿校服？

(8) 你上个周末看电影了吗？

(9) 你常常玩电脑游戏吗？

(10) 你画过中国画吗？

(11) 你去过北京的故宫吗？

(12) 你今天有没有家庭作业？

(13) 今天天气怎么样？

(14) 在你们国家，冬天冷不冷？

阅读（七）春节

1 Translation.

(1) Spring Festival

(2) the lunar New Year

(3) the most important

(4) to celebrate the Spring Festival

(5) Southerners

(6) every household

2 Give the meaning of each word.

① 亲 _____
　 新 _____

② 饺 _____
　 校 _____

③ 衣 _____
　 农 _____

3 Give the meanings of the following phrases.

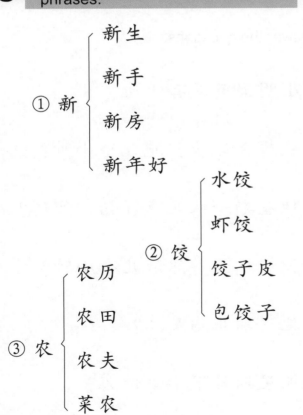

① 新
　 新生
　 新手
　 新房
　 新年好

② 饺
　 水饺
　 虾饺
　 饺子皮
　 包饺子

③ 农
　 农历
　 农田
　 农夫
　 菜农

4 Give the meanings of the following phrases.

(1) 南方人 _____

_____

(2) 北方人 _____

_____

(3) 东方人 _____

_____

(4) 西方人 _____

_____

第九课　他打篮球打得最好

1　Write the pinyin and the meanings of the following phrases.

(1) 打篮球 _____ _____

(2) 打排球 _____ _____

(3) 打羽毛球 _____ _____

(4) 打高尔夫球 _____ _____

(5) 踢足球 _____ _____

(6) 打网球 _____ _____

(7) 打乒乓球 _____ _____

(8) 参加 _____ _____

(9) 课外活动 _____ _____

(10) 流行音乐 _____ _____

(11) 电脑游戏 _____ _____

(12) 跑步 _____ _____

2　Look at the activity schedule below.

4月2日～ 4月8日	小明的活动表
星期一	13:00～14:00 打篮球
星期二	15:00～17:00 打排球
星期三	
星期四	16:00～18:00 踢足球
星期五	6:00～7:00 游泳
星期六	9:00～10:00 跑步
星期日	14:00～16:30 看电影

Answer the questions.

(1) 小明哪天没有活动？

(2) 他哪天跑步？跑几个小时？

(3) 他星期一从几点开始打篮球？

(4) 他星期五游泳游几个小时？

(5) 他星期几踢足球？

(6) 他星期日下午做什么？

3 Write the length of time in Chinese.

1

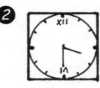
2

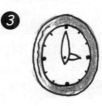
3

二十五分钟

4

5

6
| 4:15 | 6:20 |

---

4 Finish the following sentences.

(1) 暑假期间，我们在美国住
了 _____ (one week)。

(2) 弟弟做了 _____
(two hours) 的作业。

(3) 小明踢了 _____
(the whole morning) 的足球。

(4) 李小姐打了 _____
(two hours) 的网球。

(5) 爸爸要去北京 _____
(two months)。

(6) 王先生夫妇跳了 _____
(the whole evening) 的舞。

5 Rewrite the following sentences.

(1) 他打篮球打了两个小时。

→ 他打了两个小时的篮球。

(2) 妈妈打羽毛球打了一个半小时。

→ _____

(3) 同学们打排球打了两个小时。

→ _____

(4) 爸爸打高尔夫球打了一个下午。

→ _____

(5) 王力踢足球踢了一个上午。

→ _____

(6) 小星打乒乓球打了三刻钟。

→ _____

81

6 Find the phrases. Write them out.

篮	排	电	脑	游	戏
网	球	话	视	下	工
踢	皮	乒	堆	雪	人
滑	足	乓	参	加	看
冰	雪	球	农	拿	电
山	做	作	业	大	影

(1) _____   (7) _____   (13) _____

(2) _____   (8) _____   (14) _____

(3) _____   (9) _____   (15) _____

(4) _____   (10) _____   (16) _____

(5) _____   (11) _____   (17) _____

(6) _____   (12) _____   (18) _____

7 Translation.

(1) He likes playing tennis most.

(2) He plays football everyday.

(3) She always swims in the morning.

(4) She has many hobbies.

(5) His older brother swims fast.

(6) After he comes home from school, he watches TV first.

(7) After she finishes her homework, she listens to music for one hour.

(8) He participates in many extracurricular activities.

8 Give the meanings of the following phrases.

①
蓝色 _____
篮球 _____

②
活动 _____
说话 _____
刮风 _____

③
排球 _____
非常 _____

④
游泳 _____
放学 _____

9 Look at the chart below.

姓名	网球	排球	足球	乒乓球	游泳	羽毛球	篮球	滑冰
王力	非常好		还可以		会			不会
程小云		不太好		最好		不错		会
张美		非常好			会		不会	
高明		最好		还可以	不会			
张爱文	会		不会			不错	最好	

True or false?

( )(1) 高明打排球打得最好，但是不会游泳。

( )(2) 张爱文不会踢足球，但是会打排球。

( )(3) 张美会游泳，但不会打篮球。

( )(4) 王力打网球打得非常好，但是不会滑冰。

( )(5) 程小云打排球打得不太好，但是打羽毛球打得不错。

10 Rewrite the sentences.

(1) 他玩电脑游戏每天。→ 他每天玩电脑游戏。

(2) 他喜欢打乒乓球跟弟弟一起。→

(3) 爸爸喜欢打高尔夫球周末。→

(4) 我上学坐校车。→

(5) 网球、羽毛球，我喜欢都。→

(6) 小明踢了足球一个半小时的。→

(7) 弟弟总是玩电脑游戏放学以后。→

11 Fill in your activity schedule.

课外活动表	星期一	13:00～14:00 打排球
	星期二	
	星期三	
	星期四	
	星期五	
	星期六	
	星期日	

12 Write one sentence for each picture.

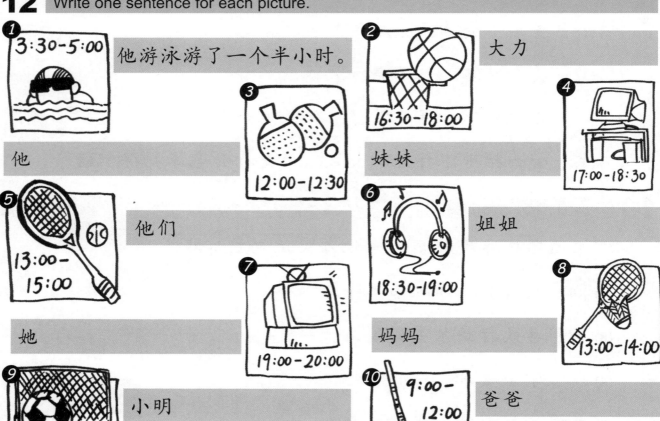

1 3:30-5:00
他游泳游了一个半小时。

他

3 12:00-12:30

2 16:30-18:00
大力

妹妹

4 17:00-18:30

5 13:00-15:00
他们

6 18:30-19:00
姐姐

她

7 19:00-20:00
妈妈

8 13:00-14:00

9 16:20-18:00
小明

爸爸

10 9:00-12:00

我们

12 19:30-21:00

哥哥

11 12:30-13:15

13 Give the meanings of the following phrases.

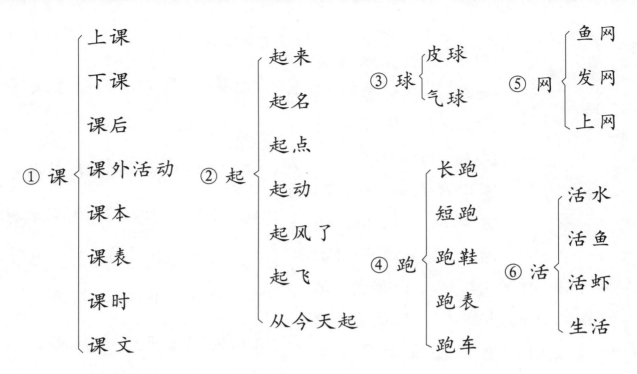

14 Translation.

(1) 这个花篮里的花太美了。

(2) 去上海的飞机几点起飞?

(3) 我弟弟喜欢吃牛排。

(4) 上课的时候他常常说话。

(5) 他是一个出色的网球运动员。

(6) 两个英国人坐热气球周游了世界。

(7) 中学生不应该穿高跟鞋上学。

Reading comprehension.

去年春节我跟家人一起去了北京。我们在北京玩了一个星期。我们住在一家四星级的酒店里，这家酒店很好。在酒店里我们可以打乒乓球、打网球, 还可以游泳。我们在北京的时候去了长城、故宫和天安门。我们还去看了大熊猫。在北京我们还吃了饺子。饺子真好吃。

True or false?

( )(1) 去年春节他们一家去了北京 。

( )(2) 他们在北京住了七天。

( )(3) 他们不可以在酒店里游泳。

( )(4) 他们去了故宫，但是没有去长城和天安门。

( )(5) 他们看到了大熊猫。

( )(6) 他们在北京吃了饺子。

16 Translation.

(1) 他跑步跑了四十五分钟。

(2) She watched TV for the whole afternoon.

(3) 她打网球打了一个半小时。

(4) She cooked for two and a half hours.

(5) 他们在英国住了二十多年。

(6) They lived in America for more than ten years.

(7) 他做了一个晚上的作业。

(8) She skated for fifty minutes.

(9) 他踢了两个小时的足球。

(10) They played basketball for two hours.

(11) 他吃饭吃了一个钟头。

(12) He played computer games for half an hour.

阅读（八）端午节

1 Give the meaning of each word.

① 音 _____ 亲 _____

④ 棕 _____ 粽 _____

② 寒 _____ 赛 _____

⑤ 裙 _____ 初 _____

③ 舟 _____ 船 _____

2 Study the following.

(1) 家 → 家家 = 每家

(2) 天 → 天天 = 每天

(3) 人 → 人人 = 每人

(4) 年 → 年年 = 每年

(5) 月 → 月月 = 每月

3 True or false?

( )(1) 春节是中国人的新年。

( )(2) 过春节，北方人吃年糕，南方人吃饺子。

( )(3) 过端午节的时候有龙舟比赛。

( )(4) 龙舟也叫龙船。

( )(5) 中国人过年的时候吃粽子。

4 Give the meanings of the following phrases.

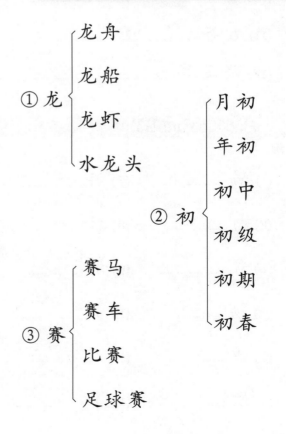

① 龙 — 龙舟 / 龙船 / 龙虾 / 水龙头

② 初 — 月初 / 年初 / 初中 / 初级 / 初期 / 初春

③ 赛 — 赛马 / 赛车 / 比赛 / 足球赛

第十课　她喜欢弹吉他

1 Write the pinyin and the meanings of the following phrases.

(1) 看电视 ＿＿＿＿＿＿＿＿＿＿＿＿＿　　＿＿＿＿＿＿＿＿＿＿＿＿＿

(2) 乐队 ＿＿＿＿＿＿＿＿＿＿＿＿＿＿　　＿＿＿＿＿＿＿＿＿＿＿＿＿

(3) 唱歌 ＿＿＿＿＿＿＿＿＿＿＿＿＿＿　　＿＿＿＿＿＿＿＿＿＿＿＿＿

(4) 弹钢琴 ＿＿＿＿＿＿＿＿＿＿＿＿＿　　＿＿＿＿＿＿＿＿＿＿＿＿＿

(5) 拉小提琴 ＿＿＿＿＿＿＿＿＿＿＿＿　　＿＿＿＿＿＿＿＿＿＿＿＿＿

(6) 合唱队 ＿＿＿＿＿＿＿＿＿＿＿＿＿　　＿＿＿＿＿＿＿＿＿＿＿＿＿

(7) 水彩画 ＿＿＿＿＿＿＿＿＿＿＿＿＿　　＿＿＿＿＿＿＿＿＿＿＿＿＿

(8) 画油画 ＿＿＿＿＿＿＿＿＿＿＿＿＿　　＿＿＿＿＿＿＿＿＿＿＿＿＿

(9) 弹吉他 ＿＿＿＿＿＿＿＿＿＿＿＿＿　　＿＿＿＿＿＿＿＿＿＿＿＿＿

(10) 自学 ＿＿＿＿＿＿＿＿＿＿＿＿＿＿　　＿＿＿＿＿＿＿＿＿＿＿＿＿

(11) 古筝 ＿＿＿＿＿＿＿＿＿＿＿＿＿＿　　＿＿＿＿＿＿＿＿＿＿＿＿＿

(12) 踢足球 ＿＿＿＿＿＿＿＿＿＿＿＿＿　　＿＿＿＿＿＿＿＿＿＿＿＿＿

2 Find the partners.

(1) 唱 ＿＿＿＿＿　　(7) 游 ＿＿＿＿＿

(2) 打 ＿＿＿＿＿　　(8) 拉 ＿＿＿＿＿

(3) 弹 ＿＿＿＿＿　　(9) 滑 ＿＿＿＿＿

(4) 踢 ＿＿＿＿＿　　(10) 看 ＿＿＿＿＿

(5) 画 ＿＿＿＿＿　　(11) 跑 ＿＿＿＿＿

(6) 跳 ＿＿＿＿＿　　(12) 做 ＿＿＿＿＿

钢琴	足球	小提琴
电影	歌	泳
雪	作业	球
舞	画儿	步

88

Write one sentence for each picture.

① 她拉了一个小时的小提琴。

89

4 Circle the right word.

(1) 他弹<u>钢 / 铁</u>琴弹得很好。

(2) 他妹妹喜欢画水<u>影 / 彩</u>画。

(3) 我妈妈不会唱<u>欢 / 歌</u>。

(4) 北京是中国的<u>首 / 自</u>都。

(5) 北京有很多名<u>胜 / 姓</u>。

(6) <u>胡 / 故</u>宫在北京。

(7) 北京有<u>卡 / 长</u>城。

(8) <u>能 / 熊</u>猫爱吃竹子。

(9) 我哥哥打<u>篮 / 蓝</u>球打得很好。

(10) 弟弟踢<u>是 / 足</u>球踢得最好了。

5 Translation.

(1) 除了加拿大、美国，我还去过英国、法国、德国和韩国。

(2) Apart from English, he can also speak French, Germany and Spanish.

(3) 除了画画儿，她还喜欢弹琴。

(4) Apart from swimming, she also likes playing basketball.

(5) 除了骑马，他还喜欢骑自行车。

(6) Apart from singing, she also likes dancing.

(7) 除了汉语，我还学过法语。

(8) Except that he can paint oil painting, he can also paint watercolour.

6 Read the following passage. Then write your own.

冬云一岁会自己走路，一岁半会说话。她三岁开始认字，四岁半开始学弹钢琴，五岁上小学。冬云六岁学踢足球，七岁学法语，九岁开始打网球，十岁开始学画画儿。她今年十一岁，上小学六年级。她会弹钢琴，她弹得不错。她画画儿也画得很好。她还会说流利的英语、法语和汉语。

90

7 Interview your partner. Ask the following questions. Then write a summary.

(1) 你喜欢做运动吗？　　不太喜欢。

(2) 你喜欢看电影吗？

(3) 你喜欢一边吃饭一边看电视吗？

(4) 你喜欢一边做作业一边听音乐吗？

(5) 你喜欢玩电脑游戏吗？

(6) 你喜欢一边跑步一边听音乐吗？

(7) 你会打排球吗？

(8) 你打过高尔夫球吗？

(9) 你会游泳吗？你游得怎么样？

(10) 你会踢足球吗？

(11) 你唱歌唱得怎么样？

(12) 你会弹钢琴吗？

	Summary
	他不太喜欢做
	运动，……他很喜
	欢……，他不喜欢
	……，他最不喜欢
	……，他会……。
	他不太会……，
	他不会……。

Useful words:

(1) 最喜欢　like most

(2) 非常喜欢　extremely like

(3) 很喜欢　like very much

(4) 喜欢　like

(5) 不太喜欢　do not like that much

(6) 不喜欢　do not like

(7) 会　can

(8) 不太会　not good at

(9) 不会　cannot

8 Group the activities into different categories.

water games	ball games	instruments	others
游泳	打网球	弹古筝	看小说

(a) 游泳　　(b) 打网球　　(c) 弹钢琴　　(d) 唱歌　　(e) 画画儿

(f) 拉小提琴　(g) 打乒乓球　(h) 玩电脑游戏　(i) 打冰球　(j) 跑步

(k) 打水球　(l) 跳舞　　(m) 赛龙舟　　(n) 打排球　　(o) 拉二胡

(p) 踢足球　(q) 弹古筝　　(r) 骑马　　(s) 滑雪　　(t) 看小说

(u) 看电影　(v) 弹吉他　　(w) 打篮球　　(x) 打羽毛球　(y) 做作业

9 Reading comprehension.

美文今年十三岁。她喜欢打排球、打羽毛球和打乒乓球。除了运动以外，她还喜欢弹吉他。她可以一边弹吉他一边唱歌。她参加了学校的合唱队。

Answer the questions.

(1) 美文今年多大了？

(2) 她喜欢打什么球？

(3) 她喜欢弹琴吗？

(4) 她会不会唱歌？

92

10 Give the meanings of the following phrases.

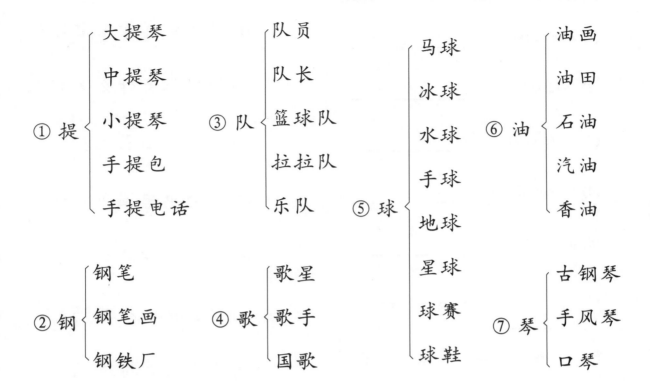

① 提 ⎰ 大提琴
中提琴
小提琴
手提包
手提电话

② 钢 ⎰ 钢笔
钢笔画
钢铁厂

③ 队 ⎰ 队员
队长
篮球队
拉拉队
乐队

④ 歌 ⎰ 歌星
歌手
国歌

⑤ 球 ⎰ 马球
冰球
水球
手球
地球
星球
球赛
球鞋

⑥ 油 ⎰ 油画
油田
石油
汽油
香油

⑦ 琴 ⎰ 古钢琴
手风琴
口琴

11 Finish the following sentences with the words in the box.

| 电视 | 足球 | 音乐 | 作业 | 普通话 | 晚饭 |
| 电话 | 小提琴 | 钢琴 | 水彩画 | 歌 | 英语 |

(1) 他正在弹 _____。

(2) 他正在打 _____。

(3) 妹妹正在学 _____。

(4) 姐姐正在拉 _____。

(5) 他正在跟同学们一起踢 _____。

(6) 妈妈正在听 _____。

(7) 爸爸正在看 _____。

(8) 我正在做 _____。

(9) 我们一家人正在吃 _____。

(10) 王小姐正在学 _____。

(11) 小明正在画 _____。

(12) 同学们正在唱 _____。

12 Group the words according to their radicals.

(1) 彡(ornament) _____

(2) 爫 (claw) _____

(3) 立 (stand) _____

(4) 户 (household) _____

(5) 足 (foot) _____

(6) 米 (rice) _____

| 影 | 粽 | 房 | 跟 | 亲 |
| 踢 | 音 | 爱 | 彩 | |

13 Answer the following questions.

(1) 你爸爸有什么爱好？

(2) 你妈妈有什么爱好？

(3) 你喜欢唱歌吗？

(4) 你会画中国画儿吗？

(5) 你会弹钢琴吗？

(6) 你会拉小提琴吗？

(7) 你喜欢打排球吗？

(8) 你会滑冰吗？

14 Reading comprehension.

宝东是中学生。他有很多爱好。他喜欢音乐，会弹琴。他还喜欢打篮球和打网球。周末他爸爸经常带他去打高尔夫球。他从今年开始学画国画。他每天画一个半小时的国画。

Answer the questions.

(1) 宝东是小学生吗？

(2) 除了音乐以外，他还有什么爱好？

(3) 周末谁带他去打高尔夫球？

(4) 他从什么时候开始学国画？

(5) 他每天画几个小时的国画？

15 Rearrange the sentences into the order of the English translation.

a 天龙喜欢运动。

e 每天放学以后，他都有课外活动。

b 他参加了学校的足球队。他是足球队队长。

f 他星期一打篮球，星期二踢足球，星期三打排球，星期四打网球，星期五踢足球。

c 张天龙今年十三岁，上初中一年级。

g 天龙会说日语、汉语和一点儿英语。

d 他是日本人，但他是在上海出生、长大的。

h 他父母都是商人。

Zhang Tianlong is 13 years old, he is in Grade 1 in junior high school. He is Japanese, but he was born and raised in Shanghai. Both his parents are businessmen. Tianlong can speak Japanese, Chinese, and a little English. Tianlong loves sports. He joined the school football team. He is the captain. He has extracurricular activities everyday after school. He plays basketball on Monday, football on Tuesday, volleyball on Wednesday, tennis on Thursday and football on Friday.

16 Answer the questions according to the activity schedule below.

星期一 3:30 ~ 4:30 PM 打篮球

星期二 4:00 ~ 5:00 PM 打排球

星期三 6:00 ~ 7:00 PM 弹钢琴

星期四 7:00 ~ 8:00 AM 游泳

星期五 5:00 ~ 7:00 PM 画画儿

星期六 10:00 ~ 11:00 AM 打网球

星期日

(1) 毛毛星期一有什么课外活动？

(2) 他星期二几点打排球？

(3) 他哪天弹钢琴？

(4) 他星期五画画儿还是打球？

(5) 他星期六打网球吗？

(6) 星期日他有没有活动？

17 Translation.

(1) 除了跳舞以外，她还喜欢唱歌。

(2) Apart from playing the violin, he can play the piano.

(3) 他喜欢一边弹吉他，一边唱歌。

(4) She likes painting while listening to the music.

(5) 妈妈正在做饭。

(6) Daddy is painting in watercolours now.

(7) 他每天拉一个小时的小提琴。

(8) She swims an hour and a half everyday.

(9) 我在英国住过十年。

(10) She has lived in Shanghai for 2 years.

(11) 我经常跟小明一起打乒乓球。

(12) He runs with his daddy every morning.

阅读（九）中秋节

1 Fill in the blanks with the related information in the box.

(1) 春节：＿＿ ＿＿ ＿＿

(2) 端午节：＿＿ ＿＿

(3) 中秋节：＿＿ ＿＿

(a) 饺子　　(b) 月饼　　(c) 赛龙舟　　(d) 团圆

(e) 五月初五　　(f) 粽子　　(g) 红包

(h) 赏月　　(i) 年糕　　(j) 农历新年

2 True or false?

( )(1) 阴历也叫农历。

( )(2) 八月十五这天晚上的
月亮是圆的。

( )(3) 月亮每年圆一次。

( )(4) 阴历也叫阳历。

3 Give the meanings of the following phrases.

① 月
- 明月
- 月光
- 月初
- 月中
- 大月
- 小月
- 月球
- 月亮
- 月牙

② 明
- 明年
- 明天
- 明亮
- 明星
- 明白

4 Give the meaning of each character.

①
- 团 ＿＿＿＿
- 圆 ＿＿＿＿

②
- 高 ＿＿＿＿
- 亮 ＿＿＿＿

③
- 常 ＿＿＿＿
- 赏 ＿＿＿＿

④
- 饼 ＿＿＿＿
- 饭 ＿＿＿＿
- 饺 ＿＿＿＿

⑤
- 利 ＿＿＿＿
- 秋 ＿＿＿＿

生 词

第八课　爱好　听音乐　总是　一会儿　看电视　做作业　看电影　完

玩电脑游戏　小说　古典音乐　流行音乐　跳舞

农历　新年　重要　节日　过年　北方人　家家户户　饺子

南方人　年糕

第九课　打篮球　参加　好多　课外活动　打排球　足球　打羽毛球

踢足球　分钟　打乒乓球　打网球　跟……一起

打高尔夫球　跑步

端午节　五月初五　龙舟节　赛龙舟　粽子

第十课　弹吉他　除了……(以外),……　唱歌　自学

一边……一边……　合唱队　游泳队　队员　画画儿　油画

水彩画　钢笔画　正在　弹钢琴　拉小提琴

中秋节　阴历　团圆节＝中秋节　月亮　月饼　赏月

总复习

1. Hobbies

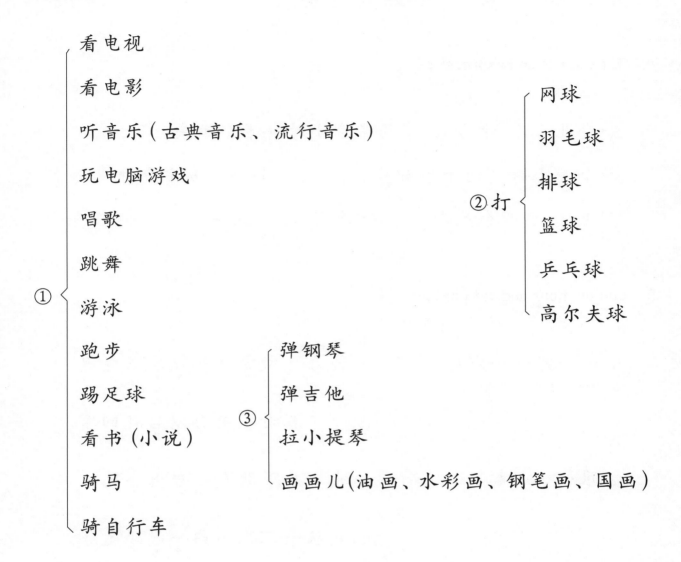

看电视

看电影

听音乐（古典音乐、流行音乐）

玩电脑游戏

唱歌

跳舞

① 游泳

跑步

踢足球

看书（小说）

骑马

骑自行车

② 打 网球
羽毛球
排球
篮球
乒乓球
高尔夫球

③ 弹钢琴
弹吉他
拉小提琴
画画儿（油画、水彩画、钢笔画、国画）

2. Chinese traditional festivals, festival food and activities

Festival	Time	Food	Activities
春节(农历新年)	农历正月初一	饺子、年糕	红包、穿新衣服
端午节（龙舟节）	农历五月初五	粽子	赛龙舟
中秋节（团圆节）	农历八月十五	月饼	赏月

3. Adjectives and adverbs

新　　圆　　初　　重要　　总是

4. Time words and expressions

一会儿　　　十分钟　　　半个小时（半个钟头）

两个半小时（两个半钟头）　　　一个小时五十分钟

三天　　　两个星期　　　四个月　　　五年　　　一个下午

5. Conjunctions and set phrases

(1) ……完……以后

    (a) 他每天做完作业以后看电视。

    (b) 下午我看完电影以后就回家。

(2) 跟……一起

    (a) 我喜欢跟朋友一起出去玩。

    (b) 我从来不跟弟弟一起踢足球。

(3) 一边……一边……

    (a) 他喜欢一边吃饭一边看电视。

    (b) 他喜欢一边做作业一边听音乐。

(4) 除了……（以外），
　　还……

    (a) 除了法语以外，他还学西班牙语。

    (b) 他除了喜欢音乐，还喜欢运动。

100

6. Grammar

(1) 都   (a) 篮球、网球，他都喜欢。

                        (b) 弹钢琴、拉小提琴，她都想学。

(2) duration of action   (a) 他踢足球踢了半个小时。＝他踢了半个小时
                          的足球。

                        (b) 我在上海住过五年。

                        (c) 火车开了两个小时。

(3) 正在   (a) 他正在做作业。

7. Questions and answers

(1) 你有什么爱好？   我喜欢运动。

(2) 你家人都有什么爱好？

爸爸喜欢打高尔夫球，妈妈喜欢打网球，我喜欢画画儿。

(3) 你喜欢听音乐吗？   喜欢。

(4) 你喜欢听哪种音乐？   流行音乐。

(5) 你喜欢跟朋友一起出去玩吗？   喜欢。我们常常出去玩。

(6) 除了做作业以外，你每天晚上还做什么？   看电视、上网。

(7) 你会弹钢琴吗？   会弹。

(8) 你从几岁开始学弹钢琴？   六岁半。

(9) 你每天做几个小时的作业？   一个半小时。

(10) 你在学校参加了什么课外活动？   我参加了合唱队和足球队。

(11) 你看过赛龙舟吗？   看过。

测验

1 Circle the right word.

(1) 今天是农历九月初／裙六。

(2) 明天是龙／太舟节。

(3) 我今天下午去看书法比赛／寒。

(4) 妈妈很喜欢吃棕／粽子。

(5) 今晚的月亮／高又大又团／圆。

(6) 他打篮／蓝球打的／得很好。

(7) 你吃／汽过校／饺子吗?

(8) 中秋／种节晚上我会和家人一起常／赏月。

2 Fill in the blanks with related information given below.

(a) 饺子　　(b) 月饼　　(c) 赛龙舟　　(d) 团圆　　(e) 五月初五　　(f) 赏月

(g) 八月十五　　(h) 粽子　　(i) 年糕　　(j) 红包　　(k) 农历新年

(1) 春节 ＿＿ ＿＿ ＿＿　　　　　(3) 中秋节 ＿＿ ＿＿ ＿＿

(2) 端午节 ＿＿ ＿＿ ＿＿

3 Find the suitable verb from the box for each blank.

(1) ＿＿音乐　　(5) ＿＿网球　　(9) ＿＿毛笔字

(2) ＿＿歌　　　(6) ＿＿钢琴　　(10) ＿＿舞

(3) ＿＿足球　　(7) ＿＿小提琴　(11) ＿＿步

(4) ＿＿自行车　(8) ＿＿油画　　(12) ＿＿古筝

听 骑 打 踢
拉 唱 写 跑
画 弹 跳

4 Translation.

(1) 我有很多爱好。

(2) 你喜欢打篮球还是踢足球？

(3) 周末我喜欢跟我的朋友一起去看电影。

(4) 他从来不一边做作业一边看电视。

(5) 除了游泳，他还爱打水球。

(6) 他每天弹二十分钟的钢琴。

(7) 他打了半个小时的电话。

(8) 我们一家在澳洲住过四年半。

(9) 他的滑冰鞋跟我的一样。

5 Fill in the blanks with the words given.

完……以后   一边……一边……

除了……以外，还……   跟……一起

(1) 他每天做 ＿＿＿＿作业 ＿＿＿＿，总是玩一个小时的电脑游戏。

(2) 他喜欢 ＿＿＿＿＿＿ 看书 ＿＿＿＿＿＿听音乐。

(3) ＿＿＿＿＿＿跳舞 ＿＿＿＿＿＿，她 ＿＿＿＿＿＿喜欢唱歌。

(4) 她每天晚上 ＿＿＿＿＿＿妈妈 ＿＿＿＿＿＿去跑步。

6 Write a few sentences about yourself by using the following phrases.

上学	坐车	吃午饭	放学	课外活动	参加
打球	弹钢琴	做作业	看电视	喜欢	周末

＿＿＿＿＿＿＿＿＿＿＿＿＿＿＿＿＿＿＿＿＿＿＿＿＿＿＿＿＿＿＿＿＿

＿＿＿＿＿＿＿＿＿＿＿＿＿＿＿＿＿＿＿＿＿＿＿＿＿＿＿＿＿＿＿＿＿

＿＿＿＿＿＿＿＿＿＿＿＿＿＿＿＿＿＿＿＿＿＿＿＿＿＿＿＿＿＿＿＿＿

Reading comprehension.

> 周海平今年上初中二年级。他们学校每个学期都为学生安排五花八门的课外活动。他参加了学校的网球队。网球队每星期活动两次，每次活动一个小时。他们还常常参加网球比赛。上个星期六他们队跟两所中学的网球队比赛，最后他们得了第一名。

True or false?

( )(1) 周海平是中学生。

( )(2) 他们学校每学期只有五种课外活动。

( )(3) 他是网球队的队员。

( )(4) 他们网球队常常去比赛。

( )(5) 上星期六的网球赛，他们队得了第一。

8 Answer the following questions.

(1) 你有什么爱好？

(2) 你喜欢听古典音乐吗？

(3) 你爱玩电脑游戏吗？

(4) 你每天要做作业吗？要做几个小时的作业？

(5) 你会弹钢琴吗？

(6) 你每天看电视吗？

(7) 你有没有参加学校的课外活动？

(8) 你唱过卡拉 OK 吗？

(9) 你吃过月饼吗？

(10) 今年的中秋节是哪一天？

9 | Translation.

(1) I have many hobbies.

(2) I like playing football most.

(3) After finishing my dinner, I will go to watch a movie.

(4) Mum likes listening to the music while cooking.

(5) Apart from America, I have been to England, France, Germany and Japan.

(6) I like both classical and pop music.

(7) She plays the violin for twenty minutes everyday.

(8) I lived in Beijing for three years when I was little.

10 | Reading comprehension.

张子亮家一共有五口人：爸爸、妈妈、哥哥、弟弟和他。他家里每个人的爱好都不同。爸爸爱打高尔夫球，他每星期六都打一个下午的高尔夫球。妈妈爱打网球，她打得很不错。哥哥喜欢踢足球，他常常跟朋友一起去踢足球。弟弟喜欢画画儿，还喜欢看电视。张子亮自己喜欢游泳和弹钢琴，他从七岁开始学弹钢琴。

Answer the questions.

(1) 张子亮的爸爸一星期打几次高尔夫球？

(2) 他妈妈打网球打得怎么样？

(3) 他哥哥有什么爱好？

(4) 除了画画儿，他弟弟还喜欢什么？

(5) 张子亮从几岁开始学弹钢琴？

第四单元　课程

第十一课　我们八点一刻上课

1　Write the pinyin and the meanings of the following phrases.

(1) 起床 ＿＿＿＿＿　＿＿＿＿＿

(2) 洗脸 ＿＿＿＿＿　＿＿＿＿＿

(3) 洗澡 ＿＿＿＿＿　＿＿＿＿＿

(4) 睡觉 ＿＿＿＿＿　＿＿＿＿＿

(5) 平时 ＿＿＿＿＿　＿＿＿＿＿

(6) 通常 ＿＿＿＿＿　＿＿＿＿＿

(7) 买东西 ＿＿＿＿＿　＿＿＿＿＿

(8) 听音乐 ＿＿＿＿＿　＿＿＿＿＿

(9) 做作业 ＿＿＿＿＿　＿＿＿＿＿

(10) 刷牙 ＿＿＿＿＿　＿＿＿＿＿

2　Answer the questions according to the pictures.

他早上几点起床？

他早上七点起床。

他几点开始上课？

＿＿＿＿＿＿＿＿＿＿＿＿

他中午几点吃午饭？

＿＿＿＿＿＿＿＿＿＿＿＿

他下午几点放学？

＿＿＿＿＿＿＿＿＿＿＿＿

他几点吃晚饭？

＿＿＿＿＿＿＿＿＿＿＿＿

他晚上几点睡觉？

＿＿＿＿＿＿＿＿＿＿＿＿

3 Fill in the blanks with the words in the box.

从来不　通常　平时　有时候　每天　总是　经常

(1) 他 ＿＿＿＿ (never) 运动。

(2) 我 ＿＿＿＿ (often) 在学校买午饭吃。

(3) 他弟弟 ＿＿＿＿ (everyday) 都玩电脑游戏。

(4) 她 ＿＿＿＿ (usually) 晚上九点半上床睡觉。

(5) 夏天香港 ＿＿＿＿ (sometimes) 刮台风。

(6) 他 ＿＿＿＿ (everyday) 穿西装上班。

(7) 上课的时候，他 ＿＿＿＿ (always) 说话。

(8) 他 ＿＿＿＿ (normally) 坐校车上学。

(9) 爸爸是商人。他 ＿＿＿＿ (often) 去北京。

(10) 妈妈 ＿＿＿＿ (never) 吃早饭。

4 Translation.

(1) 他早上天一亮就起床。

(2) 老师一来，他们就不说话了。

(3) 他们一下飞机就到酒店去了。

(4) 他一有时间就看书。

(5) 她一做作业就想睡觉。

(6) 校长一到，我们就开会。

(7) 天气一暖和，他就开始游泳。

5 Answer the following questions.

(1) 你一起床就吃早饭吗？

(2) 你每天一放学就回家吗？

(3) 你一回家就做作业吗？

(4) 你平时一做完作业就上网吗？

(5) 你每天在同一个时间睡觉吗？

(6) 你每天睡几个小时的觉？

107

Fill in the blanks with "了" when necessary.

(1) 他们在香港住＿＿＿＿二十年＿＿＿＿。他们很喜欢住在这里。

(2) 我爸爸去北京＿＿＿＿。他下星期一回来。

(3) 我弟弟每天玩电脑游戏＿＿＿＿。他每天要玩两个小时的电脑游戏。

(4) 他看电视看＿＿＿＿三个小时＿＿＿＿。他不想再看了。

(5) 他们每个星期日都有足球比赛＿＿＿＿。

(6) 他们一家人每年都去美国度假＿＿＿＿。

(7) 她学弹钢琴学＿＿＿＿三年＿＿＿＿，但是她还是弹得不好。

7 Read the following passages. Then write about your weekend in Chinese.

❶　周末我通常十点起床。起床后先吃早饭，然后看电视。下午我有时候出去踢足球，有时候出去找朋友玩。晚上回家后看电视、玩电脑、上网。我十一点睡觉。

❷　我周末通常八点钟起床。起床后洗澡、吃早饭。吃完早饭以后上钢琴课。下午我通常跟朋友一起出去玩儿、去买东西。晚上在家做作业。

你通常怎么过周末？＿＿＿＿＿＿＿＿＿＿＿＿＿＿＿＿＿＿＿＿

＿＿＿＿＿＿＿＿＿＿＿＿＿＿＿＿＿＿＿＿＿＿＿＿＿＿＿＿＿＿

108

Group the words according to their radicals.

(1)忄 ___ ___   (7) 月 ___ ___

(2)辶 ___ ___   (8) 宀 ___ ___

(3)讠 ___ ___   (9) 饣 ___ ___

(4)目 ___ ___   (10)阝 ___ ___

(5)广 ___ ___   (11)彡 ___ ___

(6)刂 ___ ___   (12)氵 ___ ___

忙	还	话	庭	慢	睡
脸	澡	寒	床	阴	刷
饼	通	赛	朋	洗	彩
刻	看	饺	课	影	除

9 Give the meanings of the following phrases.

① 平 { 平安 平常 平地 平台 平装书 和平 水平 太平门 一路平安 }

② 洗 { 洗头 洗脸 洗澡 洗菜 洗衣服 洗衣店 洗手间 洗衣机 }

④ 睡 { 睡衣 睡帽 睡觉 睡午觉 }

⑤ 刷 { 刷子 毛刷 鞋刷 牙刷 }

③ 床 { 铁床 木床 }

⑥ 买 { 买东西 买菜 }

10 Translation.

(1) 他们家没有洗衣机。他们通常去洗衣店洗衣服。

(2) 西装、套装不能放在洗衣机里洗。

(3) 我的羊毛衫可以手洗，但是要用冷水洗。

(4) 他的汉语水平很高，他汉语说得很流利。

(5) 这次比赛两个篮球队打了平手。

(6) 这个国家不大，只有500多平方公里。

11 Translation.

(1) 哥哥去踢足球了。

(2) 他滑冰滑了一个上午，他还不想回家。

(3) 他每天拉半个小时的小提琴。

(4) 她喜欢一边弹琴一边唱歌。

(5) 他每天做完作业后玩电脑。

(6) 他们一家人在美国住了十年了。

(7) 天气开始转凉了。

(8) 妈妈一到家就做饭。

12 Translation. Pay special attention to the underlined words.

(1) 你们什么时候开学？

(2) 你周末早上通常几点起床？

(3) 你每天做几个小时的作业？

(4) 你在北京玩了几天？

(5) 他们一家人在加拿大住了几年？

(6) 你们暑假放几个星期？

(7) 他每天玩多长时间的电脑？

(8) 你哪天去英国度假？

(9) 你们会在英国住多长时间？

(10) 你通常几点睡觉？

13 Reading comprehension.

周平今年十三岁，上初中二年级。他在西安第三中学上学。他每天早上七点半上学，八点开始上课。他每天上六节课，上午上四节课，下午上两节课，下午四点放学。他今年参加了学校的足球队和乒乓球队。他每星期二、四下午放学以后有活动。除了打球以外，周平还喜欢写毛笔字和画国画。他每天晚上先做作业，然后看一会儿电视。他九点半睡觉。

Answer the questions.

(1) 周平今年上几年级？

(2) 他在哪儿上学？

(3) 他每天早上几点开始上课？

(4) 他每天上几节课？

(5) 他下午几点放学？

(6) 他有什么爱好？

(7) 他通常晚上做什么？

(8) 他晚上几点睡觉？

14 Answer the following questions.

(1) 你每天早上几点起床？

(2) 你每天几点开始上课？

(3) 你每天上几节课？

(4) 你中午在学校买午饭吃吗？

(5) 你们几点放学？你通常几点回家？

(6) 你一到家先做什么？

(7) 你每天都看电视吗？你通常看几个小时的电视？

(8) 你每天都有作业要做吗？你通常做几个小时的作业？

 起床　　 吃早饭　　 去上学

 上课　　⑤ 12:30 13:30 吃午饭

 放学　　 到家　　 吃晚饭

⑨ 19:00 20:00 看电视　⑩ 做作业　⑪ 睡觉

　　雷明每天早上 <u>六点三刻</u> 起床。起床以后他先刷牙，然后洗澡。他 _____ 吃早饭。吃完早饭以后，他 _____ 骑车去上学。他们 _____ 开始上课。他在学校买午饭吃。他们吃午饭的时间是从 _____ 到 _____。他们_____放学。他总是 _____ 到家。一到家他就先吃点儿东西。他家 _____ 吃晚饭。吃完晚饭以后，他通常看 _____ 的电视。他平时 _____ 开始做作业。他通常做一个半小时的作业。他 _____ 睡觉。

16 Read the letter below.

亲爱的笔友：你好！

我叫天新，是英国人。我今年十二岁，上八年级。我有一个姐姐、一个哥哥，他们都是大学生。我爸爸、妈妈都工作。爸爸是工程师，妈妈是英语老师。

我在学校学汉语。我学汉语学了五年了。我还会说德语、法语和一点儿西班牙语。我有很多爱好。我喜欢打球、听音乐、看电影等等。

我每天早上七点起床，然后吃早饭。我坐校车上学。我每天上八节课。每天放学以后，我都有课外活动。我通常五点左右到家。到家以后，我先做作业，然后看一个小时的电视，有时候再玩一会儿电脑。我通常十点左右睡觉。好了，不多写了。

张天新

2000 年 3 月 6 日

Answer the questions.

(1) 天新家有几口人？

(2) 天新在哪儿学汉语？

(3) 他学汉语学了多长时间了？

(4) 天新有什么爱好？

(5) 除了汉语以外，他还会说什么语言？

(6) 天新晚上通常做什么？

(7) 他每天晚上睡几个小时的觉？

阅读（十）茶

1 Finish the spidergram below.

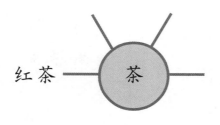

2 True or false?

（ ）(1)中国人最早认识茶。

（ ）(2)最先饮茶的是中国人。

（ ）(3)茶叶有很多品种。

（ ）(4)乌龙茶是一种茶。

（ ）(5)红茶是黑色的。

3 Give the meanings of the following phrases.

① 茶
- 红茶
- 绿茶
- 花茶
- 乌龙茶
- 茶馆
- 茶叶
- 茶包
- 茶色
- 茶几
- 奶茶

② 品
- 日用品
- 床上用品
- 工业品
- 商品
- 样品
- 品种

③ 饮
- 饮茶
- 饮用水
- 冷饮
- 热饮

第十二课　我今年学十二门课

1　Write the pinyin and the meanings of the following phrases.

(1) 历史 _____ _____

(2) 数学 _____ _____

(3) 科学 _____ _____

(4) 地理 _____ _____

(5) 音乐 _____ _____

(6) 体育 _____ _____

(7) 美术 _____ _____

(8) 电脑 _____ _____

(9) 家政 _____ _____

(10) 戏剧 _____ _____

(11) 班会 _____ _____

(12) 外语 _____ _____

2　Write one sentence for each picture.

文安早上六点半起床。

育人小学

3 Match the school subjects with the pictures.

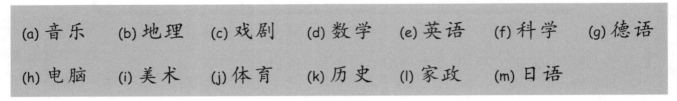

(a) 音乐　　(b) 地理　　(c) 戏剧　　(d) 数学　　(e) 英语　　(f) 科学　　(g) 德语

(h) 电脑　　(i) 美术　　(j) 体育　　(k) 历史　　(l) 家政　　(m) 日语

4 Rearrange the sentences into a paragraph according to the English translation.

(1) 他一共学十门课。

(2) 天乐每星期三有课外活动。

(3) 天乐上八年级。

(4) 他学数学、英语、德语、汉语、科学、历史、地理、美术、音乐和体育。

(5) 他从小就喜欢唱歌。

(6) 他每天早上七点半上学，下午三点半放学。

(7) 除了唱歌，他还喜欢游泳。

(8) 他参加了学校的合唱队。

> Tianyue is in year 8. He studies 10 subjects. He studies Mathematics, English, German, Chinese, Science, History, Geography, Art, Music and PE. He goes to school at 7:30 and finishes school at 3:30 everyday. Tianyue has an extracurricular activity every Wednesday. He has joined the school choir. He has loved singing since he was small. Besides singing, he also loves swimming.

5 Ask a question for each answer.

(1) 我们学校今年九月二号开学。（什么时候）
→ 你们学校今年什么时候开学？

(2) 我通常早上六点半起床。（几点）

(3) 他每天做一个半小时的作业。（几个小时）

(4) 弟弟通常晚上十点睡觉。（几点）

(5) 他每天玩两个小时的电脑游戏。（多长时间）

(6) 我们一家在澳大利亚住过七年。（几年）

6 Write out your timetable in Chinese.

时间	星期一	星期二	星期三	星期四	星期五
课外活动					

7 Fill in the blanks with the conjunction words in the box.

跟……一起　　一边……一边……　　因为……,所以……

又……又……　　一……就……

(1) 他每天放学以后都 ＿＿＿＿ 同学 ＿＿＿＿ 去踢足球。

(2) 这几天天气真不好，＿＿＿＿ 刮风 ＿＿＿＿ 下雨。

(3) 弟弟喜欢 ＿＿＿＿ 吃饭 ＿＿＿＿ 看电视，所以他吃饭吃得很慢。

(4) 明天我 ＿＿＿＿ 看完电影 ＿＿＿＿ 回家。

(5) ＿＿＿＿ 明天是星期六，＿＿＿＿ 我今天可以晚睡觉。

118

8 Read the text below. Then write a passage about one of your school days.

星期二	
8:25-9:00	英语
9:00-9:40	英语
9:40-9:55	休息
9:55-10:30	数学
10:30-11:10	数学
11:10-11:35	休息
11:35-12:10	音乐
12:10-12:50	体育
12:50-13:55	午饭
13:55-14:30	历史
14:30-15:10	地理
15:30-17:00	课外活动：篮球

今天星期二，我有八节课。我八点二十五分开始上课。第一、第二节是英语课，然后休息十五分钟。第三、第四节是数学课，然后再休息二十五分钟。第五节课是音乐，第六节课是体育。我中午休息一个小时零五分钟。我通常在学校买午饭吃。下午我上两节课，第七节课是历史，第八节课是地理。我三点十分放学。星期二我有课外活动。我参加了学校的篮球队，我们每星期活动一次，从三点半到五点，然后我走路回家。

9 Make up phrases.

(1) 身体 → 体_____   (5) _____生 → 生物

(2) _____语 → 语言   (6) 中秋 → 秋_____

(3) _____班 → 班会   (7) _____乐 → 乐队

(4) _____脑 → 脑子   (8) _____西 → 西安

10 Answer the following questions.

(1) 你今年多大了？

(2) 你上几年级？

(3) 你今年学几门课？

(4) 你喜欢上什么课？

(5) 你不喜欢上什么课？

(6) 你今天上几节课？
上什么课？

(7) 你们有课间休息吗？

(8) 你们中午休息多长时间？

(9) 你哪天有数学课？

(10) 你们学校有戏剧课吗？

(11) 你每星期上几节汉语课？

(12) 你哪天放学以后有课外活动？

(13) 你有什么爱好？

(14) 你会不会弹琴？

(15) 你喜欢打球吗？
喜欢打什么球？

(16) 你通常周末做什么？

11 Give the meanings of the following phrases.

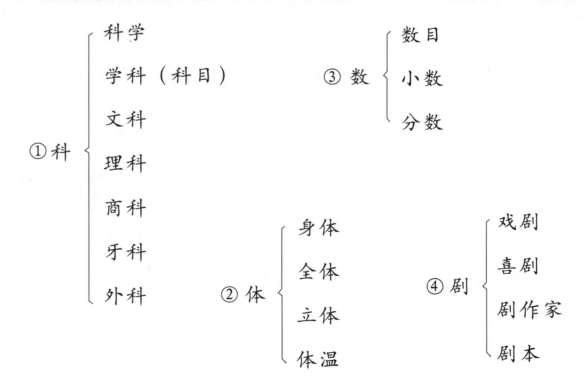

①科 ⎰ 科学
学科（科目）
文科
理科
商科
牙科
外科

②体 ⎰ 身体
全体
立体
体温

③数 ⎰ 数目
小数
分数

④剧 ⎰ 戏剧
喜剧
剧作家
剧本

120

12 Reading comprehension.

张圆圆今年十二岁，上中学一年级。她今年学十门课：数学、中文、科学、历史、地理、电脑、音乐、美术、体育和英语。她每星期二还有一节班会。张圆圆最喜欢的科目是英语。她妈妈是英语老师，所以她从小就开始学英文字母，唱英文歌。现在她可以看英文小人书，也可以用英文会话，她还常常参加英语比赛。

True or false?

( )(1) 张圆圆不学家政。

( )(2) 张圆圆每星期有一节班会。

( )(3) 她英语学得很好。

( )(4) 她的父母都是英语老师。

( )(5) 她只会看英文小人书，不会说英语。

( )(6) 她常常参加汉语比赛。

13 Rewrite the sentences.

(1) 我每天放学三点。 ⟶ 我每天三点放学。

(2) 他早上星期天有钢琴课。 ⟶

(3) 我家住过五年在北京。 ⟶

(4) 哥哥打网球今天下午。 ⟶

(5) 爸爸开车上班每天。 ⟶

14 Translation.

(1) 李先生这几天身体不好，没来上班。

(2) 小明喜欢做数字游戏。

(3) 我们开了一个上午的会，现在休会45分钟。

(4) 中国有几千年的文明历史。

(5) 他只有四岁，可是他的体重有25公斤。

(6) 张经理这个月休假。

(7) 史医生是个有名的外科医生。

(8) 天胜明天动手术。

15 Find the phrases. Write them out.

历	戏	剧	数	学
史	科	学	音	家
电	地	理	乐	政
脑	美	术	德	语

(1) _____   (6) _____

(2) _____   (7) _____

(3) _____   (8) _____

(4) _____   (9) _____

(5) _____   (10) _____

16 Translation.

(1) 她从小就喜欢跳舞。

(2) My younger brother has liked drawing since he was young.

(3) 爸爸今天一下班就回家了。

(4) I went home as soon as school finished.

(5) 我听完音乐会就回家。

(6) I will go home right after the movie.

(7) 妹妹一吃完饭就出去玩了。

(8) My older sister went to bed right after she finished her homework.

阅读（十一）长江和黄河

1 Write the following numbers in Chinese.

(1) 576 _____

(2) 46 _____

(3) 178 _____

(4) 1198 _____

(5) 8705 _____

(6) 1194 _____

2 True or false?

( )(1) 长江比黄河长。

( )(2) 长江是世界第一大河。

( )(3) 黄河全长5400多公里。

( )(4) 黄河是中国文化的摇篮。

3 Give the meanings of the following phrases.

① 全 { 全世界 全年 全家 全校 全班 全国 全球 全长 全体师生

② 化 { 化石 化学 绿化 美化 老化 文化

③ 河 { 河南 河北 河流 河水 黄河 银河

第十三课 她喜欢上化学课

1 Write the pinyin and the meanings of the following phrases.

(1) 难 _____ _____

(2) 容易 _____ _____

(3) 觉得 _____ _____

(4) 有意思 _____ _____

(5) 感兴趣 _____ _____

(6) 化学 _____ _____

(7) 物理 _____ _____

(8) 科学家 _____ _____

(9) 严格 _____ _____

(10) 教 _____ _____

2 Match the sentences in column A with the ones in column B.

A

(1) 哥哥喜欢上生物课，

(2) 弟弟喜欢上戏剧课，

(3) 我最爱上数学课，

(4) 他不喜欢上物理课，

(5) 她非常喜欢上化学课，

(6) 他同学最不喜欢上体育课，

(7) 爸爸今晚会很晚回家，

(8) 他想去医科大学学医，

(9) 田明不喜欢上电脑课，

(10) 小方最喜欢上音乐课，

B

(a) 因为数学老师很有趣。

(b) 因为他对生物很感兴趣。

(c) 因为化学老师教得生动。

(d) 因为戏剧课没有作业。

(e) 因为他今天很忙。

(f) 因为他想当一个医生。

(g) 因为他不爱运动。

(h) 因为电脑课老师对学生太严格。

(i) 因为他觉得物理太难了。

(j) 因为她会弹琴、唱歌。

3 Reading comprehension.

❶

田老师是地理老师，他是个好老师。他在这所学校教了三十多年了。他上的地理课很生动，同学们都喜欢上他的课。他对学生很严格，但同时对学生又很好。

❷

马老师是数学老师。同学们都叫他"不可以"老师，没有一个同学喜欢他。上课的时候他总是说：

"上课的时候不可以说话！"

"上课的时候不可以吃东西！"

"上课的时候不可以睡觉！"

"上课的时候不可以听音乐！"

"上课的时候不可以看外边！"

True or false?

(   )(1) 田老师是物理老师。

(   )(2) 田老师教化学教得很好。

(   )(3) 田老师对学生不严格。

(   )(4) 很多学生喜欢上马老师的课。

(   )(5) 上数学课的时候，学生们可以吃东西。

(   )(6) 马老师对学生太严格，学生们都不喜欢他。

4 Fill in the blanks with the words in the box.

的　得

(1) 北京是中国＿＿＿＿首都。

(2) 中国＿＿＿＿历史很长。

(3) 他新买＿＿＿＿钢琴是日本出＿＿＿＿。

(4) 他打篮球打＿＿＿＿很好。

(5) 她游泳游＿＿＿＿最快了。

(6) 他画＿＿＿＿花像真＿＿＿＿一样。

(7) 爸爸＿＿＿＿汽车是红色＿＿＿＿。

(8) 张老师教英语教＿＿＿＿很有趣。

(9) 他爸爸说汉语说＿＿＿＿很流利。

5 Read the passage first. Then fill in the form in Chinese.

姓名：＿＿＿＿＿＿＿

学校：＿＿＿＿＿＿＿

今年学的科目：

＿＿＿＿＿＿＿＿＿＿＿＿

＿＿＿＿＿＿＿＿＿＿＿＿

喜欢的科目：＿＿＿＿＿＿

＿＿＿＿＿＿＿＿＿＿＿＿

为什么：＿＿＿＿＿＿＿＿

不喜欢的科目：＿＿＿＿＿

为什么：＿＿＿＿＿＿＿＿

我叫方四海，今年十五岁，上高中一年级。我在京西中学上学。京西中学是一所中文学校。我今年学十门课：中文、英文、物理、生物、化学、数学、音乐、体育、美术和电脑。我非常喜欢上数学、化学、生物、物理和电脑课，因为我对理科感兴趣，我觉得理科很有用。我不喜欢学语言，所以我不喜欢上中文和英文课，我觉得语言很难学。

6 Look at the timetable below.

课 程 表

时间＼星期	一	二	三	四	五
8:30 -- 9:15	中文	外语	中文	化学	中文
9:25 -- 10:10	化学	数学	历史	中文	数学
10:20 -- 11:05	数学	地理	数学	数学	美术
11:15 -- 12:00	体育	中文	美术	外语	历史
午间休息					
1:15 -- 2:00	外语	电脑	物理	地理	电脑
2:10 -- 2:55	物理	音乐	体育	电脑	班会
3:00 -- 4:30 课外活动	篮球	足球	乐队	／	游泳

我叫李政。我在一间中文学校上学。我上初中一年级。这是我的课程表。

Answer the questions.

(1) 李政今年上几年级？

(2) 他在中文学校还是在英文学校上学？

(3) 他每星期上多少节课？

(4) 他今年学几门课？

(5) 他哪天有美术课？

(6) 他每天都有数学课吗？

(7) 他星期一第二节上什么课？

(8) 他每星期有几节外语课？

(9) 他们哪天有班会？

(10) 他哪天没有课外活动？

(11) 他每天几点放学？

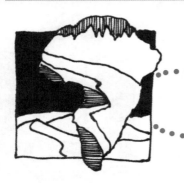

1 地理不难学，但是没有意思。

2 法语很容易学。我们的老师教课教得生动、有趣。

3 汉语很难学，但是很有用。汉语的口语难，写字也难，但是我喜欢学汉语。

4 我不喜欢上美术课，因为我不会画画儿。我对画画儿没有兴趣。

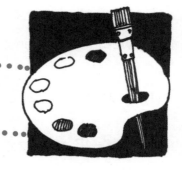

5 体育

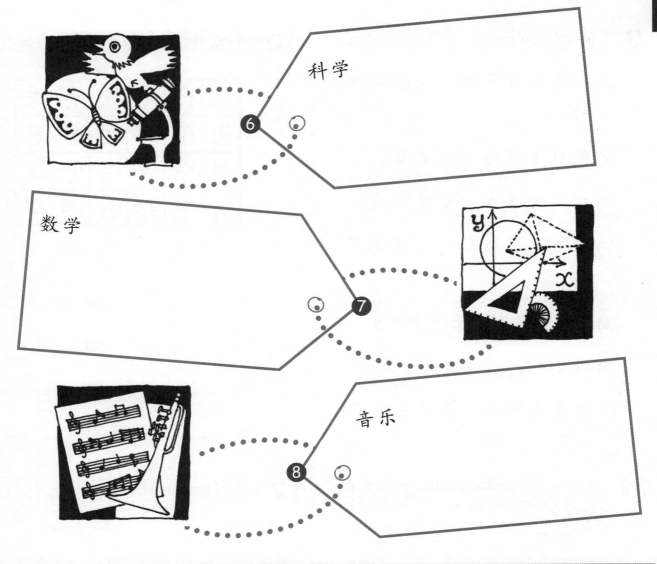

8 Give the meanings of the following phrases.

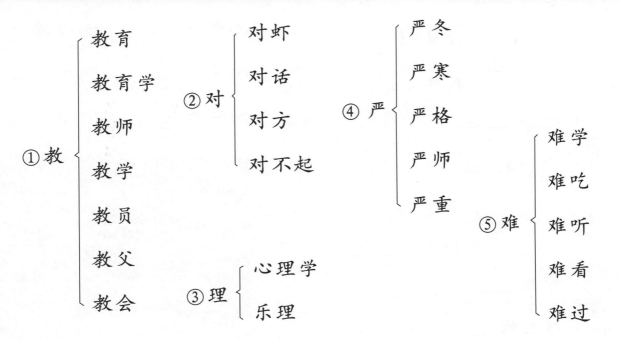

① 教 教育
教育学
教师
教学
教员
教父
教会

② 对 对虾
对话
对方
对不起

③ 理 心理学
乐理

④ 严 严冬
严寒
严格
严师
严重

⑤ 难 难学
难吃
难听
难看
难过

9 Translation.

(1) 在这儿看见她，我感到意外。

(2) 他对电脑非常感兴趣。

(3) 动这种手术，难度很高。

(4) 他当上了校长，大家都很高兴。

(5) 这间学校有一千多个学生。

(6) 对不起，我要走了。

(7) 他在这所小学教了三十年的书。

10 Find the phrases. Write them out.

化	严	格	同	有	意
医	学	容	时	趣	思
科	学	家	易	觉	睡
对	不	起	教	师	得

(1) _____ (5) _____

(2) _____ (6) _____

(3) _____ (7) _____

(4) _____ (8) _____

11 Study the following pairs of phrases. Give the meanings.

① { 睡觉 _____
    觉得 _____

② { 教书 _____
    教师 _____

③ { 暖和 _____
    你和我 _____

④ { 品种 _____
    种茶 _____

⑤ { 首都 _____
    都工作 _____

12 Find the opposites.

(1) 是 → ___   (6) 古 → ___

(2) 对 → ___   (7) 有用 → ___

(3) 长 → ___   (8) 上课 → ___

(4) 难 → ___   (9) 冷 → ___

(5) 从来不 → ___   (10) 阴 → ___

(a) 错   (b) 总是   (c) 阳

(d) 热   (e) 容易   (f) 非

(g) 没用   (h) 今   (i) 短

(j) 下课

阅读（十二）京剧

1 Match the Chinese with the English.

(1) 生   (a) female roles

(2) 旦   (b) clowns

(3) 净   (c) male roles

(4) 丑   (d) painted faces

2 True or false?

( )(1)中国的国剧是京剧。

( )(2)京剧的历史很长。

( )(3)京剧中的角色主要有四种。

( )(4)京剧也叫歌剧。

3 Give the meanings of the following phrases.

① 剧 { 京剧   歌剧   话剧

② 类 { 种类   人类   同类   鸟类   球类运动

③ 丑 { 丑角   小丑   出丑

4 Give the meaning of each word.

① { 剧 _____   刷 _____

② { 筝 _____   净 _____

③ { 但 _____   旦 _____

④ { 用 _____   角 _____

第十四课　他不怕考试

1　Find the odd one out.

(1) 洗脸　　洗衣服　　洗澡　　洗手

(2) 红茶　　茶叶　　黄河　　绿茶

(3) 长江　　南海　　京剧　　黄河

(4) 文化　　英文　　法文　　德文

(5) 生动　　老师　　有趣　　有意思

(6) 角色　　黑色　　棕色　　紫色

2　Write the following numbers and dates in Chinese.

(1)	6521
(2)	December 5, 2001
(3)	26
(4)	78
(5)	234
(6)	1245
(7)	July 7, 1999
(8)	January 1, 2001
(9)	October 20, 1997

3　True or false?

英语考试得分
（60分以上及格）

李西	86分
王天明	35分
张再思	72分
张小东	59分
牛大力	47分
马文星	94分
温小红	74分

（　）(1) 三个同学及格了。

（　）(2) 三个同学没有及格。

（　）(3) 李西考得最好。

（　）(4) 王天明考得最不好。

（　）(5) 马文星得分最高。

（　）(6) 温小红得了第三名。

（　）(7) 一共七个同学参加了考试。

4 Circle the right word.

(1) 他数学老／考得不错。

(2) 我不白／怕考试。

(3) 她可能中文不及／级格。

(4) 他作／昨天晚上夏／复习
到十一点钟／种。

(5) 中国是最早种／钟茶的国家。

(6) 最近／运我们有／友很多
考试。

(7) 京刷／剧中的用／角色主
要有四种。

(8) 黄河是中国文花／化的摇
篮／蓝。

(9) 他从来不吃早饮／饭。

(10) 长江全长六千三白／百
多公里。

5 Rewrite the sentences.

(1) 化学、物理，我喜欢都。　→　化学、物理，我都喜欢。

(2) 除了生物以外，还我喜欢数学。　→

(3) 每天一放学就我回家。　→

(4) 她喜欢做功课一边听音乐一边。　→

6 Find the phrases. Write them out.

复	数	化	考	严
习	学	用	试	格
及	格	功	最	容
以	前	课	近	易

(1) _____　(5) _____　(9) _____

(2) _____　(6) _____　(10) _____

(3) _____　(7) _____

(4) _____　(8) _____

7 Look at the exam timetable. Finish the following sentences.

期末考试时间表

日 期　　年级	十一年级	十二年级	十三年级
1月4日上午	数学	生物	历史
1月6日下午	家政	地理	汉语（口试）
1月9日上午	汉语（听力）	物理（实验）	物理
1月10日下午	电脑	数学	化学
1月15日下午	地理	英语（写作）	数学

(1) 1月4日上午，十一年级同学考＿＿＿＿＿。

(2) 1月6日下午，十三年级同学考＿＿＿＿＿。

(3) 1月9日上午，十二年级同学考＿＿＿＿＿。

(4) 1月10日下午，十一年级同学考＿＿＿＿＿。

(5) 1月13日下午，十二年级同学考＿＿＿＿＿。

8 Answer the following questions.

(1) 你今年学几门课？哪几门课？

(2) 你今天上几节课？上什么课？

(3) 你最喜欢上什么课？为什么？

(4) 你最喜欢哪个老师？为什么？

(5) 你最近有没有考试？考什么？

(6) 你平时哪门课考得最好？

(7) 你平时哪门课考得最不好？

(8) 你以后想当什么？

134

9 Give the meanings of the following phrases.

① 前 — 前天 / 前年 / 前边 / 前人 / 前后 / 以前

② 试 — 口试 / 笔试 / 初试 / 试一下 / 试一试 / 试试看

③ 复 — 复习 / 复姓 / 复活节

④ 功 — 用功 / 气功 / 功夫

10 Put the following books into categories of subjects.

(a) 《学做中国菜》

(b) 《流行音乐》

(c) 《中国历史》

(d) 《古典音乐》

(e) 《汉语口语》

(f) 《油画》 　　(k) 《高等数学》

(g) 《初级汉语》 　(l) 《水彩画》

(h) 《世界历史》 　(m) 《国画》

(i) 《英语对话》 　(n) 《吃在中国》

(j) 《分数》 　　(o) 《法国大菜》

科目

(1) 历史 ___C_____

(2) 数学 _____

(3) 英文 _____

(4) 汉语 _____

(5) 音乐 _____

(6) 美术 _____

(7) 家政 _____

11 Translation.

(1) 我见过她爸爸两次。

(2) 这次你来英国应该好好看一看，玩一玩。

(3) 这是他爷爷第一次回国。他在国外生活了三十五年了。

(4) 我去过北京好几次了。

(5) 小明每次考试都不及格，因为他从来不用功学习。

(6) 你一年有几次考试？

12 True or false?

星期一课外活动表

中午12:50-1:50	
篮球队	英语学习
数学兴趣班	电脑兴趣班
游泳班	学校合唱队
下午3:20-4:30	
学校乐队	足球队
国画、书法班	广东话班
普通话班	网球队

( )(1) 星期一中午学校合唱队有活动。

( )(2) 星期一中午篮球队没有活动。

( )(3) 你星期一中午可以参加电脑兴趣班。

( )(4) 星期一中午学校乐队有活动。

( )(5) 你星期一下午放学以后可以学广东话。

( )(6) 篮球队、足球队和网球队的活动都在星期一。

13

Fill in the information about yourself and your school.

Example

校名：英明中学

学生姓名：张木

年级：十年级

学生总人数：970

老师人数：68

今年学的科目：数学、物理、
化学、英文、中文、历史、
地理、美术、音乐、体育、
家政、生物

这个学期参加的课外活动：
篮球
数学兴趣班
国画、书法班

感兴趣的科目：

数学、物理、英文

不感兴趣的科目：

地理、音乐

校名：_____

学生姓名：_____

年级：_____

学生总人数：_____

老师人数：_____

今年学的科目：

_____

_____

_____

这个学期参加的课外活动：

_____

_____

_____

感兴趣的科目：

_____

不感兴趣的科目：

_____

14 Interview your partner. Write down the answers.

Questions	Answers
(1)你平时考试多不多？	我平时考试不多。
(2)你怕不怕考试？	
(3)你最近考了什么？	
(4)你经常写英文作文吗？	
(5)你每天复习功课吗？	
(6)你每天作业多吗？	
(7)你学习用功吗？	
(8)你考试经常得高分吗？	
(9)你考试以前复习吗？	
(10)你最近的一次考试得了多少分？	

15 Match the people with the books they might buy.

(1) 爸爸是美术老师。
    f _____

(2) 妈妈喜欢买衣服、做饭。
    _____

(3) 姐姐想去美国上大学。
    _____

(4) 我最喜欢动物。
    _____

(a) 《时装》　　　　(f) 《中国画》

(b) 《美国名校》　　(g) 《北京小吃》

(c) 《大熊猫》　　　(h) 《世界美术史》

(d) 《动物世界》　　(i) 《今秋时装》

(e) 《生活在美国》　(j) 《今日美国》

14

16 Here are some notes kept by a student. Prepare similar notes for yourself.

姓名：谢明	年级：十一	学校：港西五中
科目	最近一次考试得分	
数学	95	我喜欢数学。数学很有用，也很有趣。我每天都复习数学。
汉语	B	我喜欢学汉语，但是汉语很难学。汉字很难写，口语也不容易。
生物	87	生物不难学，但是也不容易。我喜欢上生物课，因为生物课很有趣。
历史	42	我最不喜欢上历史课。我不喜欢我们的历史老师。他上课上得不好，对学生太严格了。
音乐	C	我从来都不喜欢上音乐课。我不会弹琴，也不会唱歌，能及格就行。
体育	D	我每次体育考试都不及格。我不喜欢我们的体育老师，因为他对我不好。
课外活动	星期一、三（4:00－5:00）国画、书法 星期五（5:00－6:00）汉语兴趣班	
爱好	玩电脑游戏、看书、画画儿、写毛笔字	

生词

第十一课　上课　起床　刷牙　洗脸　一……就……　买东西　洗澡

从来　忙　平时　多长时间　通常　睡觉

认识　种茶　饮茶　茶叶　品种　红茶　绿茶

乌龙茶　花茶

第十二课　十二门课　课程表　课间休息　数学　美术　地理

科学　戏剧　外语　体育　班会　家政　以上

为什么

长江　黄河　全长　百　公里　文化　摇篮

第十三课　物理　觉得　有意思　没有意思　难　对……(很)好　有趣

对……感兴趣　化学　容易　当　科学家　教书　生物

生动　对……严格　同时

京剧　国剧　只有　角色　生　旦　净　丑　类

第十四课　怕　考试　复习　学习　功课　用功　得意　得……分

及格　不及格　高兴　以前　最近

总复习

1. Daily routines

① 起床
刷牙
洗脸
洗澡
吃饭
睡觉

② 上学
上课
下课
课间休息
放学
课外活动
做作业（功课）
买午饭

2. School subjects

① 外语
西班牙语
历史
地理
体育
音乐
家政
美术
戏剧

② 科学
数学
物理
化学
生物

3. Comments on school subjects and teaching

① 科目
（不）难学
（不）容易
（不）好学
（没）有用
有趣
（没）有意思
对……（不）感兴趣

② 老师
严格
上课生动
对学生好
教得好

4. Exams and grades

考试得分 {
及格
不及格
得……分
高分
}

5. Chinese culture

中　国　文　化

茶叶	红茶、绿茶、花茶、乌龙茶等
主要河流	长江：6300多公里；黄河：5400多公里
京剧	角色：生、旦、净、丑

6. More verbs

教（书）　　当　　觉得　　怕　　学习　　复习　　认识

种（茶）　　饮（茶）

7. More adjectives and adverbs

平时　　通常　　同时　　最近　　从来不　　高兴　　得意

用功　　忙

8. Conjunctions and set phrases

(1) 一……就……　　(a) 他一考试就怕。

　　　　　　　　　　(b) 他一怕就考不好。

(2) 对……感兴趣　　(a) 我对数学不感兴趣。

　　　　　　　　　　(b) 弟弟对音乐非常感兴趣。

9. Grammar

(1) "了" used to mean progress up to the present

　　　　　　　(a) 他教书教了三十年了。

　　　　　　　(b) 他们考试考了三个小时了。

(2) "到" up until, up to

　　　　　　　(a) 到今天他还不认识 "你好" 这两个字。

　　　　　　　(b) 他每天工作到晚上十二点。

10. The use of "以前", "……的时候", "以后"

(1) 以前　　　(a) 十年以前，我们学校很少有中国学生。

　　　　　　　(b) 去上海以前，我没有时间去看你。

(2) ……的时候　(a) 我们住在北京的时候常常包饺子吃。

　　　　　　　(b) 我洗澡的时候水很冷。

(3) 以后　　　(a) 每天起床以后，我总是先洗澡。

　　　　　　　(b) 晚上八点以后我在家。

11. Questions and answers

(1) 你每天几点起床？ 　　六点半。

(2) 你今年学几门课？ 　　十三门课。

(3) 你最喜欢哪一门课？ 　　电脑。

(4) 你觉得哪一门课最难学？ 　　数学。

(5) 你最近有考试吗？ 　　没有。

(6) 你每天做作业做多长时间？ 　　一个半小时。

(7) 你们学校有多少师生？ 　　有1000多个学生，不到100个老师。

(8) 你在这儿住了几年了？ 　　三年多了。

(9) 你以后想做什么工作？ 　　想当儿科医生。

(10) 你看过京剧吗？ 　　看过一次。很有意思。

测验

1 Find their partners. Give the meaning of each phrase.

| 息 | 牙 | 床 | 澡 | 觉 | 饭 |

(1) 起 _____ _____

(2) 洗 _____ _____

(3) 休 _____ _____

(4) 睡 _____ _____

(5) 刷 _____ _____

2 Find their partners. Give the meaning of each phrase.

| 术 | 理 | 育 | 剧 | 政 | 语 |

(1) 戏 _____ _____

(2) 美 _____ _____

(3) 家 _____ _____

(4) 物 _____ _____

(5) 体 _____ _____

3 Describe your typical school day in Chinese. Follow the example.

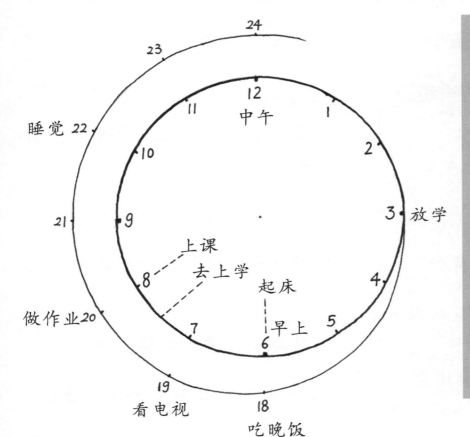

我早上六点起床。我起床以后先刷牙、洗澡，然后吃早饭。我七点半去上学，我们八点开始上课……我晚上七点看电视，八点做作业，十点睡觉。

4 Answer the following questions.

(1) 你每天几点起床？几点睡觉？

(2) 你一天上几节课？

(3) 你今年学几门课？

(4) 你哪门课学得最好？

(5) 你觉得哪门课难学？

(6) 你平常考试多不多？

(7) 你以后想做什么工作？

(8) 你最近忙不忙？

(9) 你每天做功课做多长时间？

5 Translation.

(1) 下了三天雨了。

(2) 我认识他两年了。

(3) 最早种茶和饮茶的是中国人。

(4) 长江是中国的第一大河。

(5) 这次物理考试他没及格。

(6) 哥哥每天晚上玩电脑游戏玩到十二点。

(7) 他每天一放学就回家。

(8) 他对科学最感兴趣。

6 Reading comprehension.

大家快来参加功夫兴趣班

人数：每班20人以下

活动时间：每周二、四下午
3:15 — 4:30

活动地点：首都体育馆

老师：齐光明老师（校外）

南山中学体育科

2000年3月5日

True or false?

( )(1) 在这个兴趣班里，你可以学唱歌。

( )(2) 功夫班最多可以有20个学生。

( )(3) 兴趣班每次活动一个小时一刻钟。

( )(4) 兴趣班在学校的体育馆活动。

( )(5) 齐老师在南山中学教体育。

146

7 Reading comprehension.

安德是英国人，但是他从小就对中国文化非常感兴趣。他七年以前在大学里开始学习中文，到现在除了能说流利的汉语以外，还会写毛笔字、画国画。他最近又开始学唱京剧。他以后想去中国工作。

Answer the questions.

(1) 安德是哪国人？

(2) 他对什么非常感兴趣？

(3) 他是什么时候开始学中文的？

(4) 他汉语说得怎么样？

(5) 他现在正在学什么？

8 Essay writing practice.

You should include:

－在哪个学校上学？

－上几年级？

－今年学几门课？

－哪个科目你学得好？为什么？

－哪个科目你不喜欢？为什么？

－你们经常有考试吗？

－你们最近有什么考试？
你考得好不好？

－你喜欢哪个老师？为什么？

Useful phrases:

科目	数学	化学	物理
生物	地理	历史	家政
外语	汉语	体育	音乐
美术	戏剧	电脑	

对……感兴趣

（没）有意思　（没）有用

容易　难　教　严格

对……好　考试　怕

复习功课　用功

学习　得……分　（不）及格

147

第五单元 学校

第十五课 她们学校不大也不小

1 Name the places in Chinese.

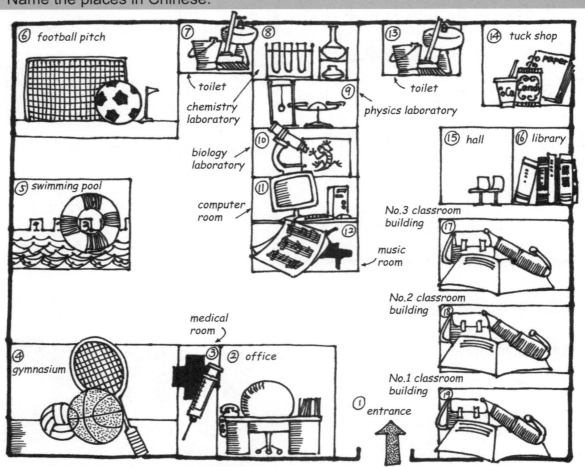

⑥ football pitch
⑦ toilet
chemistry laboratory
biology laboratory
computer room
⑧
⑨
⑤ swimming pool
⑩
⑪
⑫ music room
⑬ toilet
physics laboratory
⑭ tuck shop
⑮ hall
⑯ library
No.3 classroom building
⑰
No.2 classroom building
⑱
No.1 classroom building
⑲
medical room
④ gymnasium
③
② office
① entrance

2 Finish the following sentences with the words in the box.

弹钢琴	踢球	做运动	上网
看医生	做实验	画画儿	买午饭

(1) 我去小卖部_____。

(2) 我去体育馆_____。

(3) 我去电脑室_____。

(4) 我去美术室_____。

(5) 我去音乐室_____。

(6) 我去医务室_____。

(7) 我去实验室_____。

(8) 我去足球场_____。

3 Write one sentence to describe each picture.

Example

（在他的房间里）

他在他的房间里睡觉。

① （在教室里）

他们 _____

② （在车里）

他 _____

③ （在电影院里）

小明 _____

④ （在球场上）

他们 _____

⑤ （在家里）

小云 _____

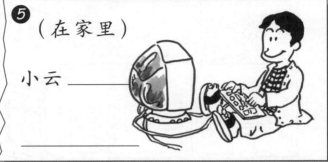

_____

⑥ （在游泳池里）

大力 _____

⑦ （在家里）

王太太 _____

⑧ 静（在图书馆里）

小方 _____

4 True or false?

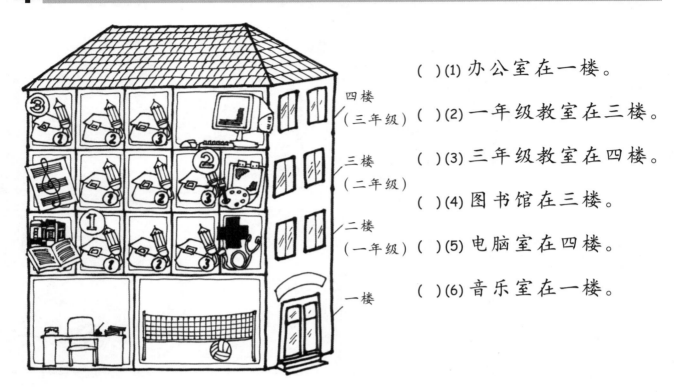

四楼
（三年级）

三楼
（二年级）

二楼
（一年级）

一楼

（　）(1) 办公室在一楼。

（　）(2) 一年级教室在三楼。

（　）(3) 三年级教室在四楼。

（　）(4) 图书馆在三楼。

（　）(5) 电脑室在四楼。

（　）(6) 音乐室在一楼。

5 Give the meanings of the following phrases.

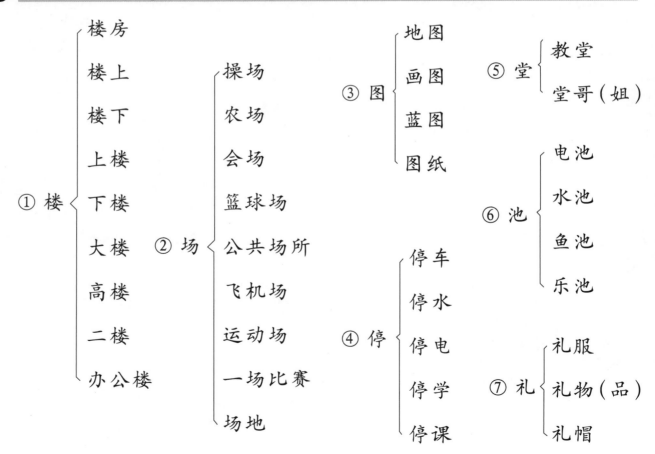

① 楼
楼房
楼上
楼下
上楼
下楼
大楼
高楼
二楼
办公楼

② 场
操场
农场
会场
篮球场
公共场所
飞机场
运动场
一场比赛
场地

③ 图
地图
画图
蓝图
图纸

④ 停
停车
停水
停电
停学
停课

⑤ 堂
教堂
堂哥（姐）

⑥ 池
电池
水池
鱼池
乐池

⑦ 礼
礼服
礼物（品）
礼帽

6 Translation.

(1) 我的汉语老师不到三十岁。

(2) 我爷爷七十多岁了。

(3) 我在英国住了七年多。

(4) 他在上海工作了不到五年。

(5) 我们校长五十多岁了。

(6) 我爸爸每天不到五点就起床了。

(7) 我哥哥今年学十多门课。

(8) There are less than 100 teachers in our school.

(9) She looks over 20 years old.

(10) He is around 40 years old.

(11) Our school has over 1000 students.

(12) I am studying over 10 subjects this year.

(13) He played football for less than 2 hours.

(14) The temperature today is below 20℃.

7 Fill in the banks with the words in the box.

最近　　以前　　以后　　一……就……　　从来不　　平时　　总是

(1) 考试 _____，他总是复习到很晚。

(2) 每天放学 _____，她都有课外活动。

(3) 他经常 _____ 上课 _____ 睡觉，因为他每天很晚睡觉。

(4) 他 _____ 用功学习，也不做作业，所以他每次考试 _____ 不及格。

(5) 我 _____ 去了一次北京。这是我第一次去北京，我很喜欢北京。

(6) 我 _____ 早上七点起床，但是我今天五点就起床了，因为我要坐八点的飞机去上海。

李化今年上七年级。他在一所中文学校上学。他的学校很大，有两幢教学楼。学校有大礼堂、图书馆、足球场、操场和体操房。学校还有两个小卖部、五间电脑房、三间实验室、两间音乐室、两间美术室和一个游泳池。

李化今年学十门课：中文、数学、英语、科学、地理、历史、体育、音乐、电脑和家政。

李化每天上六节课，每节课五十分钟，中午休息一个小时，下午三点钟放学。他参加了学校的篮球队和国画班。他通常四点半到家。

Sample questions.

(1) 李化在哪儿上学？

(2) 他们学校大吗？

(3) 他们学校有几幢教学楼？

(4) 他们学校有游泳池吗？

(5) 他们学校有几个小卖部？

(6) 他们学校有几间实验室？

(7) 他今年学几门课？什么课？

(8) 他每天上几节课？

(9) 一节课多长时间？

(10) 中午休息多长时间？

(11) 他们下午几点放学？

(12) 他有没有参加学校的篮球队？

(13) 他通常几点钟到家？

9 Look at the layout of the school.

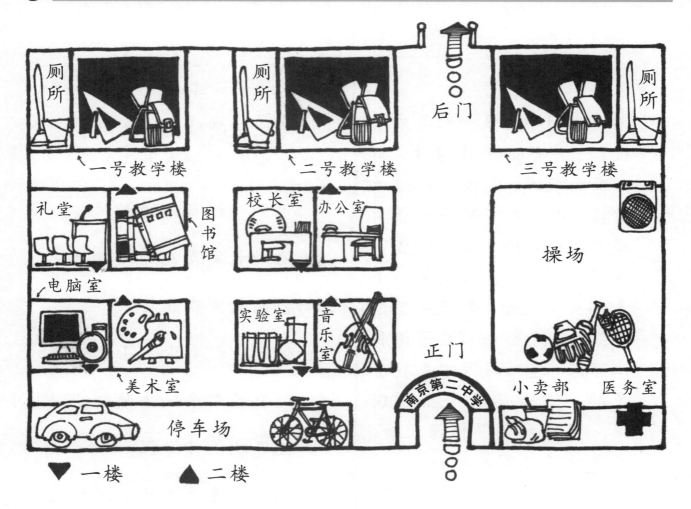

厕所　一号教学楼　厕所　二号教学楼　后门　三号教学楼　厕所

礼堂　图书馆　校长室　办公室　操场

电脑室

美术室　实验室　音乐室　正门

停车场　南京第二中学　小卖部　医务室

▼ 一楼　　▲ 二楼

True or false?

( )(1) 这是一所小学。

( )(2) 这所学校一共有三幢教学楼。

( )(3) 这所学校没有游泳池。

( )(4) 图书馆在二楼。

( )(5) 教师办公室在一楼。

( )(6) 这所学校没有小卖部。

( )(7) 这所学校只有一个门。

( )(8) 这所学校一共有三个厕所。

( )(9) 这所学校有一个医务室。

( )(10) 这所学校有一个停车场。

王平：你好！

　　我们学校是一所英文学校，一共有800多个学生，不到50个教师。学校有两幢教学楼。我的教室在一号教学楼里，在二楼。教室的楼下就是小卖部。我每天都去小卖部买午饭吃。今天是星期二，我有电脑课、汉语课和体育课。这三门课都是我喜欢的。我最不喜欢上物理课，因为我觉得物理太难，老师教得也不太好。

　　好了，下次再写！

　　　　　　你的笔友：马文学

　　　　　　2001年5月7日

Answer the questions.

(1) 马文学的学校一共有多少个学生？多少个老师？

(2) 他们学校有几幢教学楼？

(3) 他的教室在几号教学楼？

(4) 他的教室在几楼？

(5) 他们学校有没有小卖部？

(6) 他自己带午饭去学校吃吗？

(7) 他喜欢上什么课？

(8) 他最不喜欢上什么课？为什么？

11 Write the pinyin and the meanings of the following phrases.

(1) 游泳池 _____ _____

(2) 办公楼 _____ _____

(3) 图书馆 _____ _____

(4) 操场 _____ _____

(5) 礼堂 _____ _____

(6) 教室 _____ _____

12 Fill in the blanks with the measure words in the box.

包	个	场	门	条	张	套	幢	节	只

(1) 一 ＿＿ 连衣裙

(2) 两 ＿＿ 鸟

(3) 三 ＿＿ 足球赛

(4) 四 ＿＿ 大学生

(5) 五 ＿＿ 教学楼

(6) 六 ＿＿ 外语课

(7) 这 ＿＿ 绿茶

(8) 那 ＿＿ 领带

(9) 几 ＿＿ 西装

(10) 五 ＿＿ 课程

(11) 七 ＿＿ 白纸

(12) 一 ＿＿ 图书馆

13 Translation.

(1) 我家住在二楼，楼下是商店。

(2) 我妹妹每个星期天去体育馆学体操。

(3) 你能跟我去，那实在太好了。

(4) 我们大楼昨天晚上停电了。

(5) 因为发大水，今天所有的商店都停业一天。

(6) 听说他父亲最近当上了教育部长。

(7) 我很想去法国南部玩一玩。

(8) 我只用了两个小时就做完了全部功课。

方明今年九岁，上小学三年级。她上午上课，下午放牛。她们学校很小，全校只有十五个学生，一个老师。最小的学生七岁，上一年级，最大的学生十二岁，上六年级。

方明的学校没有游泳池，也没有球场。学校外面有一条河，夏天学生们在河里游泳，冬天在河上滑冰。在她们学校，高年级的学生除了自己学习以外，通常还要做"小老师"，比如说六年级的学生教二年级的学生。

方明很喜欢她的学校。

Answer the questions.

(1) 方明今年几岁了？

(2) 她今年上几年级？

(3) 她上午和下午都上学吗？

(4) 她的学校大不大？

(5) 她的学校一共有多少学生？几个老师？

(6) 她的学校有没有游泳池？

(7) 她学校里的"小老师"是谁？

(8) 她喜欢她的学校吗？

阅读（十三）孔子

1 Write the dates in Chinese.

(1) 551 B.C. → 公元前 551 年

(2) 1860 → 1860 年

(3) 479 B.C. →

(4) 201 B.C. →

(5) 1986 →

2 Translation.

(1) was born in 551 B.C.

(2) in the Chinese history

(3) the greatest thinker and educationist

(4) 3000 disciples

(5) very accomplished

3 Match the Chinese with the English.

(1) 思想家   (a) educationist

(2) 教育家   (b) playwright

(3) 剧作家   (c) scientist

(4) 科学家   (d) linguist

(5) 历史学家   (e) thinker

(6) 语言学家   (f) writer

(7) 作家   (g) musician

(8) 画家   (h) historian

(9) 音乐家   (i) painter

4 Give the meanings of the following phrases.

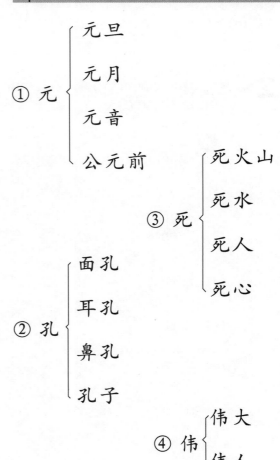

① 元 ┤ 元旦 / 元月 / 元音 / 公元前

② 孔 ┤ 面孔 / 耳孔 / 鼻孔 / 孔子

③ 死 ┤ 死火山 / 死水 / 死人 / 死心

④ 伟 ┤ 伟大 / 伟人

第十六课　校园不大，但是很美

1 Find the opposites.

(1) 生 ＿＿＿＿

(2) 进来 ＿＿＿＿

(3) 出生 ＿＿＿＿

(4) 远 ＿＿＿＿

(5) 教 ＿＿＿＿

(6) 以前 ＿＿＿＿

(7) 从来不 ＿＿＿＿

(8) 美 ＿＿＿＿

(9) 容易 ＿＿＿＿

(10) 买 ＿＿＿＿

(11) 有趣 ＿＿＿＿

(12) 一样 ＿＿＿＿

近　不同　出去
死　去世　学　以后
总是　难　没意思
丑　卖

2 Match the words in column A with the ones in column B.

A

(1) 楼上

(2) 左面

(3) 上面

(4) 上楼

(5) 里面

(6) 前面

B

(a) 外面

(b) 楼下

(c) 后面

(d) 右面

(e) 下面

(f) 下楼

3 Answer the following questions.

(1) 你们教室在几楼？

(2) 你家离学校近吗？

(3) 你每天怎么上学？

(4) 你们学校一共有几幢教学楼？

(5) 你们英语老师的办公室在哪儿？

(6) 你们汉语老师的办公室在哪儿？

4 Finish the following sentences.

(1) 张一飞的教室在 ___三楼，302 室。___

(2) 李开明的教室在 _____。

(3) 王老师的办公室在 _____。

(4) 程真的教室在 _____。

(5) 孔老师的 _____。

(6) 王金宝 _____。

(7) 李老师 _____。

(8) 史小红 _____。

(9) 孔明 _____。

5 Translation.

(1) A: 请问，三号教学楼在哪儿？

B: 就在二号教学楼的旁边。

(2) A: 请问，体育馆在哪儿？

B: 体育馆在小卖部的隔壁。

(3) A: 请问，电脑室在哪儿？

B: 电脑室在音乐室的楼上。

(4) A: 请问，医务室在哪儿？

B: 医务室在实验室的对面。

(5) A: 请问，校长办公室在哪儿？

B: 在一楼，教师办公室的旁边。

6 Translation.

(1) 游泳池离停车场不远。

(2) 我家离学校很近，走路就行了。

(3) 书店离电影院不太远。

(4) 北京离上海很远。

(5) The changing room is not far from the toilet.

(6) The church is very close to my home.

(7) My father's company is close to my home, ten minutes' walk.

(8) The tuck shop is next to the library.

7 Give the meanings of the following phrases.

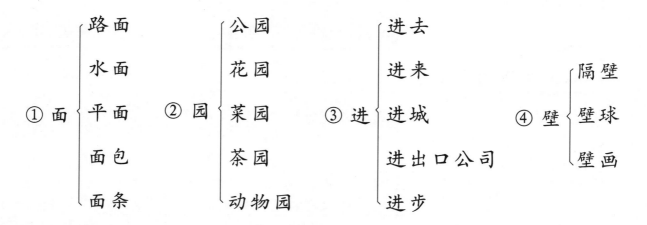

① 面 ┌ 路面
      │ 水面
      │ 平面
      │ 面包
      └ 面条

② 园 ┌ 公园
      │ 花园
      │ 菜园
      │ 茶园
      └ 动物园

③ 进 ┌ 进去
      │ 进来
      │ 进城
      │ 进出口公司
      └ 进步

④ 壁 ┌ 隔壁
      │ 壁球
      └ 壁画

8 Look at the street map.

True or false?

( )(1)商场在学校的对面。

( )(2)小云住在小明的隔壁。

( )(3)小方住在体育馆附近。

( )(4)小花家离学校很远。

( )(5)停车场在学校的对面。

( )(6)小天住在体育馆的隔壁。

( )(7)毛毛家离商场很近。

( )(8)小方住在大兴路43号。

( )(9)小云住在大兴路40号。

( )(10)小明家离毛毛家不远。

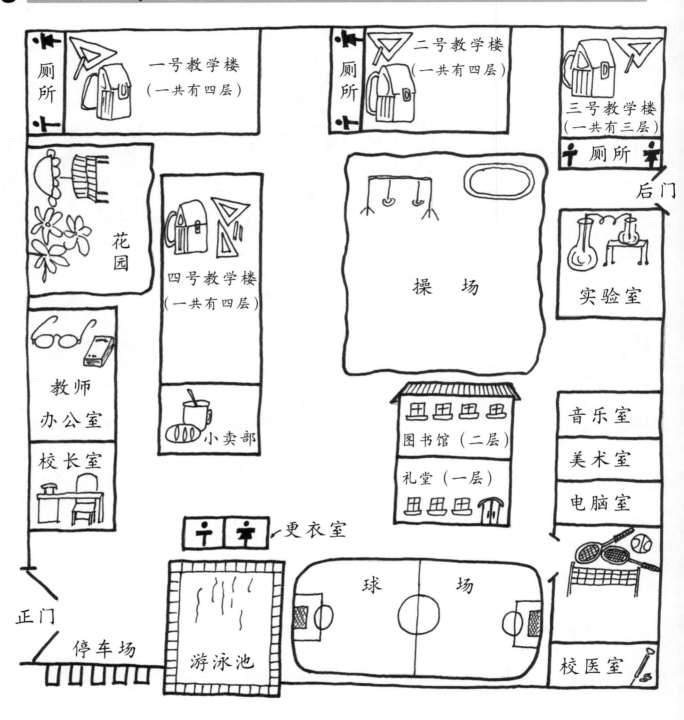

True or false?

( )(1) 停车场在学校正门的旁边。 ( )(2) 图书馆在礼堂的楼下。

( )(3) 游泳池在球场的旁边。 ( )(4) 实验室在操场的后面。

16

( )(5) 校长室在教师办公室隔壁。

( )(6) 四号教学楼一共有五层。

( )(7) 花园旁边有厕所。

( )(8) 这所学校一共有六个厕所。

( )(9) 一号教学楼在二号教学楼
的后面。

( )(10) 校医室在实验室的隔壁。

( )(12) 这所学校只有正门，没有
后门。

( )(11) 美术室在音乐室和电脑室
的中间。

10 Circle the right word.

(1) 我家离学校不远 / 运。

(2) 公圆 / 园就在我家附近。

(3) 教常 / 堂在学校的左边。

(4) 操 / 澡场在校园的中间 / 问。

(5) 教学楼 / 数的右边是图书馆。

(6) 体育馆的旁边是意 / 音乐室。

(7) 我今 / 会弹吉他。

(8) 学校有两个实验 / 脸室。

(9) 我对跳舞不感头 / 兴趣。

(10) 今天你们有休 / 体育课吗？

11 Find the phrases. Write them out.

伟	大	思	校	花	教
业	人	想	公	园	堂
科	学	家	共	操	更
隔	壁	礼	汽	场	衣
附	近	堂	车	教	室

(1) _____ (8) _____

(2) _____ (9) _____

(3) _____ (10) _____

(4) _____ (11) _____

(5) _____ (12) _____

(6) _____ (13) _____

(7) _____ (14) _____

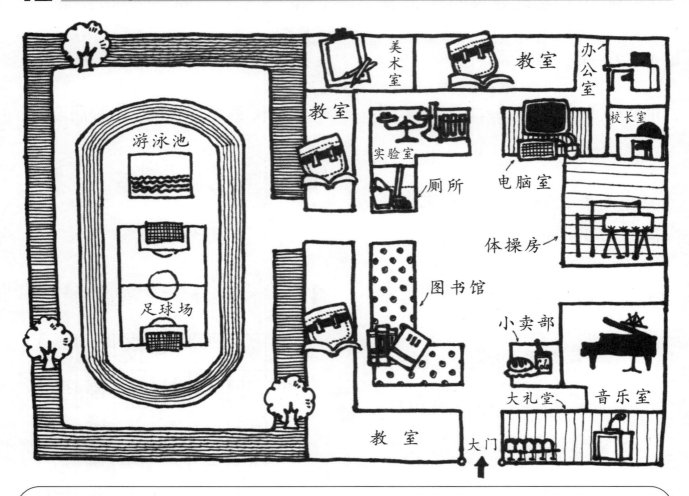

学校大门左边是教室，右边是大礼堂。大礼堂后面是小卖部和音乐室。小卖部在图书馆对面。音乐室的后面是体操房。图书馆的北边是厕所，实验室在厕所隔壁。厕所和实验室的左边是教室。体操房的后面是电脑室和校长室。电脑室后面也是教室。教室隔壁是美术室。校园的左边有游泳池和足球场。

Answer the questions.

(1) 这所学校有几个门？

(2) 实验室在哪儿？

(3) 这所学校有没有医务室？

(4) 游泳池在哪儿？

(5) 厕所在体操房的隔壁，对吗？

(6) 音乐室是不是在大礼堂的后面？

13 Finish the following description of the layout of the school.

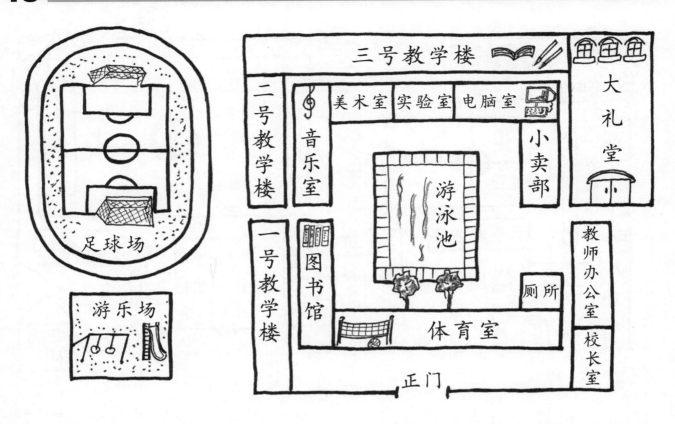

校园的＿＿＿＿有足球场和游乐场。一走进校门，你就可以看到体育室。大门的＿＿＿＿是一号教学楼，＿＿＿＿是校长室。教师办公室在校长室＿＿＿＿。体育室＿＿＿＿是图书馆，＿＿＿＿是厕所。小卖部在教师办公室＿＿＿＿。大礼堂在小卖部的＿＿＿＿。美术室在三号教学楼＿＿＿＿。实验室在电脑室和美术室的＿＿＿＿。三号教学楼在校园的最＿＿＿＿。游泳池在校园的＿＿＿＿。

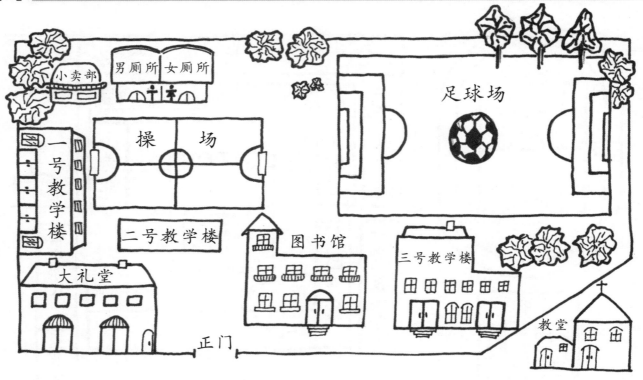

校园外面有一座教堂。一进校门你就能看到图书馆。图书馆的左右两边是大礼堂和三号教学楼。礼堂后面是二号教学楼。二号教学楼的后面是操场。操场旁边是一号教学楼。操场后面是小卖部和厕所。操场的旁边是足球场。

Answer the questions.

(1) 大礼堂在哪儿?

大礼堂在图书馆的 _____。

(2) 操场在哪儿?

操场在厕所的 _____。

(3) 足球场在哪儿?

足球场在操场的 _____。

(4) 三号教学楼在哪儿?

三号教学楼在图书馆的 _____。

(5) 图书馆在哪儿?

图书馆在三号教学楼和大礼堂的

_____。

(6) 二号教学楼在哪儿?

二号教学楼在大礼堂的 _____。

15 Describe the school below in Chinese.

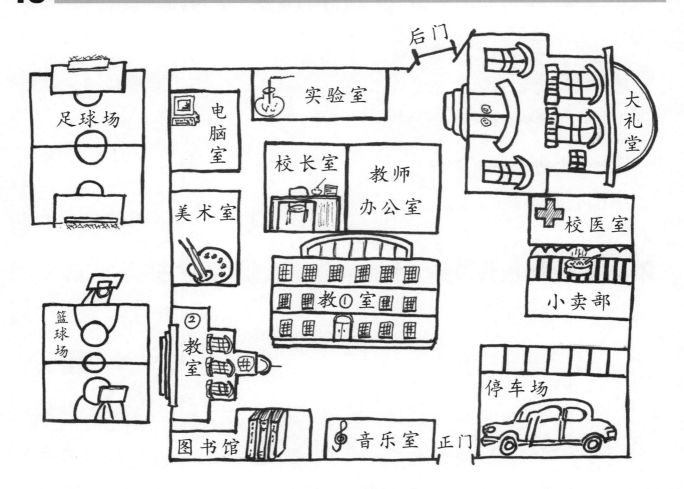

后门
实验室
电脑室
校长室
教师办公室
大礼堂
美术室
校医室
篮球场
教①室
②教室
小卖部
停车场
图书馆
音乐室
正门
足球场

16 Translation.

(1) 他不想远离父母，去国外上大学。

(2) 我们一家人每个星期天都去远足。

(3) 她是我家的一个远亲。

(4) 他昨天离开美国去南非了。

(5) 北京离上海很远，要坐十几个小时的火车。

阅读（十四）四大发明

1 Translation.

(1) a country with an ancient civilization

(2) as far back as ancient times

(3) the four great inventions

2 Give the meanings of the following phrases.

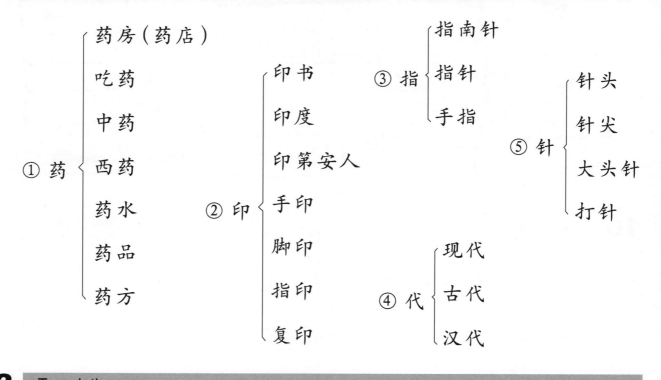

① 药 ⎧ 药房（药店）
　　　　吃药
　　　　中药
　　　　西药
　　　　药水
　　　　药品
　　　⎩ 药方

② 印 ⎧ 印书
　　　　印度
　　　　印第安人
　　　　手印
　　　　脚印
　　　　指印
　　　⎩ 复印

③ 指 ⎧ 指南针
　　　　指针
　　　⎩ 手指

④ 代 ⎧ 现代
　　　　古代
　　　⎩ 汉代

⑤ 针 ⎧ 针头
　　　　针尖
　　　　大头针
　　　⎩ 打针

3 Translation.

(1) 画家齐白石生于 1864 年，死于 1957 年。

(2) 这个星期我看了好几部电影，其中有一部是中国电影。

(3) 远在汉代，中国就发明了造纸术。

(4) 孔子一生教过 3000 多个弟子。

第十七课　她的电话号码是多少

1 Match the sentences in column A with the ones in column B.

──────── (A) ────────

(1) 请问，哪一位是周医生？

(2) 对不起，我不吃虾。

(3) 你回去以后，打一个电话给我。

(4) 请问，王力在吗？

(5) 非常感谢！

(6) 你今天下午有空吗？

──────── (B) ────────

(a) 我今天下午有事儿！

(b) 没关系，我可以吃。

(c) 我就是。

(d) 不用谢。

(e) 我一到家就给你打电话。

(f) 请等一等，我去叫他。

2 Reading comprehension.

暑期书法班

少年班：六岁～十五岁

课时：八周（7 月 1 日－8 月 31 日）

上课时间：每周一、三，两次，
　　　　　　早上 8:30－9:30

大人班：18 岁以上

课时：四周（7 月 1 日－7 月 31 日）

上课时间：每周六，一次，
　　　　　　早上 9:30－11:30

上课地点：少年宫

2001 年 6 月 1 日

Answer the questions.

(1) 五岁的孩子可不可以参加书法班？

(2) 少年书法班一共上多少节课？

(3) 书法班在哪儿上课？

(4) 大人书法班每星期上几次课？一节课多长时间？

(5) 大人书法班一共上几节课？

3 Study the following dialogue and then act it out.

老师：你好！中文大学。

小光：您好！请问，中文大学有没有短期汉语班？

老师：有。我们有四周的、八周的和半年的。

小光：每一期都是哪一天开学？

老师：每个月的第一个星期一。

小光：每周上几节课？每节课多长时间？

老师：每周上两节课，每节课一小时。

小光：谢谢您！再见！

老师：不用谢，再见！

4 Translation.

(1) 他打电话打了二十五分钟。

(2) 生日那天，爸爸给我买了一部手机。

(3) 请问，哪一位是张先生？

(4) 请转 201 分机。

(5) 星期六下午你有空吗？

(6) 对不起，她不在家，她出去了。

(7) 你的电话号码是多少？

(8) 七点以后，我再打电话给他。

5 Read the advertisement first. Then finish the dialogue below.

百 花 琴 行

教钢琴1~8级及乐理

上课时间：星期一～星期日
　　　　　（公共假日休息）
　　　　上午10点～晚上9点半

上课地点：百花琴行琴房

SITUATION

– 江文的儿子现在弹6级

– 他想星期二、四下午6点到
　7点上课

– 江文的手机号码是 9624 7001

秘书：你好！百花琴行。

江文：您好！我想问一下你
　　　们琴行的钢琴课程。

秘书：我们这里＿＿级钢琴都教。
　　　每天都可以上课。琴行的
　　　上课时间是上午＿＿到
　　　晚上＿＿。

江文：我儿子现在弹6级。他
　　　想星期二、四下午6点
　　　到7点上课，行不行？

秘书：我要先问一下钢琴老师。
　　　我今晚会打电话给你。
　　　你的电话号码是多少？

江文：我的手机号码是9624
　　　7001。请问在哪儿上课？

秘书：在＿＿＿＿。

江文：谢谢。再见！

秘书：不用谢。再见！

6 Make a similar dialogue to the one in exercise 5.

小画家美术中心

教国画、油画、水彩画及钢笔画

上课时间：星期一～星期日
（公共假日除外）
早上 9:00 － 晚上 9:00

上课地点：美术中心工作室

SITUATION

－王云的女儿想学油画

－她想星期一、三下午四点到五点上课

－王云的手机号码是

9623 8651

7 Answer the following questions.

(1) 你经常给同学打电话吗？

(2) 你每天打电话打多长时间？

(3) 你平时什么时候打电话？

(4) 你有手机吗？

(5) 你家的电话号码是多少？

8 Translation.

(1) Before you go to school, give me a call.

(2) Excuse me, where is the toilet?

(3) I'm sorry, the headmaster is not in.

(4) Never mind, I will come back at 3 pm.

(5) I am free this afternoon.

(6) Who am I speaking to?

(7) I am sorry, he has gone to work.

172

9 Circle the right word.

(1) 晴／请问，现在几点了？

(2) 对不起／趣，我没戴／穿手
表。

(3) 你的电话号吗／码是多少？

(4) 没天／关系，我可以问／间
一下其／期他人。

(5) 学校的卖／实验室在哪儿？

(6) 厕所在游泳／冰池的对面。

10 Translation.

(1) 明天是大年初三，我请你来我家吃饭。

(2) 这楼里有一套空房，你可以看看。

(3) 春节期间去朋友家吃饭，不可以空手去。

(4) 他对什么都不关心。

(5) 这场排球赛，两个队的比分很接近。

(6) 我姐姐现在在英国上大学。我们每星期通一次电话。

(7) 我想给朋友买一件生日礼物。

11 Make up phrases.

(1) 生日 ⟶ 日___

(2) ___生 ⟶ 生活

(3) 请假 ⟶ 假___

(4) 厕所 ⟶ 所___

(5) 睡觉 ⟶ 觉___

(6) ___学 ⟶ 学习

(7) 地图 ⟶ 图___ ___

(8) 教学楼 ⟶ 楼___

(9) ___ ___部 ⟶ 部门

(10) ___面 ⟶ 面包

(11) ___时 ⟶ 时间

(12) ___课 ⟶ 课外活动

12 Give the meanings of the following phrases.

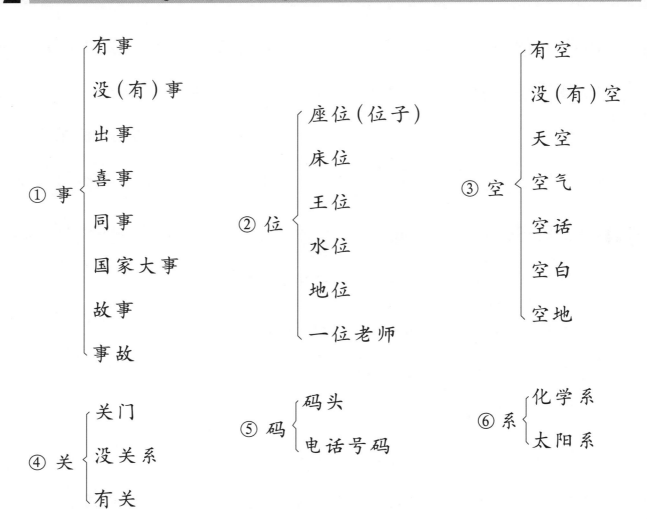

13 Fill in the blanks with the words in the box.

吗　　呢　　吧

(1) 你有兄弟姐妹＿＿＿？

(2) 我们坐火车去，你＿＿＿？

(3) 他们正在打球＿＿＿。

(4) 我们一起去上海＿＿＿。

(5) 已经七点了，快走＿＿＿。

(6) 你喜欢看小说＿＿＿？

(7) 这是你的皮鞋，我的＿＿＿？

(8) 你去过故宫＿＿＿？

(9) 我们马上就走，你爸爸＿＿＿？

(10) 这是你的书包＿＿＿。

(11) 我们上楼看看＿＿＿。

(12) 你找一下＿＿＿。

14 Make two telephone calls.

1

Dialogue between you and 思明.
You tell her ...

- 你最近参加了一个国画班

- 十月一日开始上课

- 上课时间:
  每星期日上午 9:00 ~ 11:00

- 你的老师是一位有名的国画画家

- 你想叫思明一起参加国画班

2

Dialogue between you and the receptionist of Da Xin Cinema. She tells you ...

大新电影院

《红提琴》广东话／英语

每天放两场: 10:00am 1:50pm

十月一日 ~ 十月十五日

15 Find the phrases. Write them out.

没	关	系	座	位
有	门	不	手	机
事	空	早	客	天
对	不	起	人	气
打	电	话	床	类

(1) _____   (6) _____

(2) _____   (7) _____

(3) _____   (8) _____

(4) _____   (9) _____

(5) _____   (10) _____

亲爱的文龙：你好！

　我下星期二（一月二十九日）去北京。飞机下午 2 点 40 分到。

　我个子不太高（1.65m），头发是黑色的，很短，脸圆圆的。那天我会穿白衬衫、紫红色的毛衣和蓝色的牛仔裤。好了，飞机场见！

　　　　你的笔友：李明

　　　　2001 年 1 月 14 日

北京第五十七中学

马文龙同学

香港九龙中学　　李明

Answer the questions.

(1) 李明哪天到北京？

(2) 李明怎么去北京？

(3) 李明在哪儿上学？

(4) 李明长得什么样？

(5) 李明是马文龙的同学吗？

(6) 马文龙在哪儿上学？

17 Translation.

(1) 雨已经停了。

(2) He has gone already.

(3) 今天晚上你有空儿吗？

(4) Are you busy tomorrow morning?

(5) 这个周末我没有事儿。

(6) I am free this afternoon.

(7) 我们明天去听音乐会吧！

(8) Shall we play tennis now?

阅读（十五）故宫

1 Find the odd one out.

(1) 思想家　　　　银行家　　　　教育家　　　　家庭主妇

(2) 哥哥　　　　　弟子　　　　　兄弟　　　　　弟弟

(3) 古筝　　　　　古代　　　　　古老　　　　　古时候

(4) 中药　　　　　西药　　　　　药水　　　　　火药

(5) 皇帝　　　　　国王　　　　　皇宫　　　　　女王

2 Give the meanings of the following phrases.

① 清　清早
　　　清水
　　　清凉
　　　清风
　　　清明节
　　　说不清
　　　数不清

② 皇　皇上
　　　皇家
　　　皇后
　　　皇帝
　　　皇太后

③ 帝　上帝
　　　帝国

④ 禁　禁地
　　　禁书
　　　严禁

3 Answer the following questions.

(1) 孔子去世的时候多大岁数？

(2) 孔子一生教过多少学生？

(3) 中国古代的四大发明是什么？

(4) 中国历史上最后一个朝代是什么朝代？

(5) 故宫在哪儿？

(6) 你看过《末代皇帝》这部电影吗？

第十八课　请他给我回电话

1 Read the following notices.

通知 **①**

2000年9月12日是中秋节。本校师生放假一天。

宝山中学校长

2000年9月8日

通知 **②**

因为今天刮台风，下大雨，所以学校停课一天。

上海光明中学

校务办公室

2000年9月9日

通知 **③**

从七月一日开始，游泳池的开放时间是：星期一～星期日

6:30～12:30　13:30～21:30

2000年6月15日

Answer the questions.

(1) 宝山中学的学生2000年9月12日这一天上课吗？为什么？

(2) 宝山中学的老师9月12日这一天上班吗？

(3) 第一个通知是谁写的？

(4) 上海光明中学9月9日这天上不上学？为什么？

(5) 游泳池中午开放吗？休息多长时间？

(6) 游泳池一天开放几个小时？

2 Give the meanings of the following phrases.

①道 ⎰ 铁道
　　　 通道
　　　 人行道
　　　 八道菜
　　　 道路

③演 ⎰ 演唱
　　　 演出
　　　 演员
　　　 时装表演

②找 ⎰ 找朋友玩儿
　　　 找工作

④知 ⎰ 知识
　　　 知名人士
　　　 通知

3 Find the odd one out.

(1) 明代　清代　汉代　现代

(2) 长城　皇帝　故宫　天安门

(3) 电脑　电视　停电　电车

(4) 对面　外面　面条　里面

(5) 知道　生动　有趣　严格

(6) 左　　右　　前　　找

(7) 远　　笔　　书　　纸

4 Reading comprehension.

5月7日星期日　　　　　天气：晴

　　今天下午我跟两个朋友一起去唱卡拉OK了。我们从下午三点唱到五点。我们唱了英文歌、中文歌，还有日文歌。天明唱日文歌唱得真好听，他是一个天生的歌手。文龙的中文歌唱得不错。我喜欢唱英文歌。老歌、新歌我们都唱了。唱完卡拉OK，我们就回家了。今天下午大家唱得真开心！

True or false?

( )(1) 他们唱卡拉OK唱了三个小时。

( )(2) 他们只唱了英文歌。

( )(3) 天明唱歌唱得难听。

( )(4) 他们只唱了流行歌。

( )(5) 唱完歌以后，他们一起去饭店吃饭了。

5 Write a passage about this family. Try to use the words in the box.

做不同的事　楼房　两层楼　……个房间　在楼上　在楼下

在床上　　在床旁边　　听音乐　　看电视　　看书

做运动　　吃饭　　打电话　　睡觉

打电话　大明

听音乐　小云　小明　看书

看电视

王先生　小花　吃饭　王太太

做运动

6 Fill in the blanks with the words in the box.

东西　作业　兴趣　电话　考试

电脑游戏　电视　钢琴　太阳　车

(1) 他学习很好，从来不怕 ＿＿＿＿。

(2) 她对美术很感 ＿＿＿＿＿。

(3) 弟弟最喜欢看 ＿＿＿＿＿。

(4) 哥哥已经会开 ＿＿＿＿ 了。

(5) 妈妈常常叫我去买 ＿＿＿＿＿。

(6) 妹妹一天到晚给朋友打 ＿＿＿＿＿＿。

(7) 小明每天玩 ＿＿＿＿＿。

(8) 夏天妈妈喜欢去海边晒 ＿＿＿＿＿。

(9) 他每天一到家就开始做 ＿＿＿＿＿。

(10) 小花的爱好是弹 ＿＿＿＿＿。

7 Reading comprehension.

1

通知

话剧《茶馆》于 2001 年 4 月 20 日到 23 日在我校大礼堂上演。演出时间：晚上 7:30 ~ 9:30

向东中学

2001 年 4 月 10 日

2

通知

因昨晚大风雪，今日从天水去南山的火车全部停开。

2000 年 3 月 4 日

Answer the questions.

(1) 话剧《茶馆》在向东中学演几天？

(2) 演出几点开始？

(3) 今天有从天水去南山的火车吗？为什么？

(4) 王大为是大学生还是老师？

(5) 王大为可以教什么科目？

3

您正在找家庭老师吗？本人是北京大学中文系二年级学生，可以上门教英语、中文及数学。请电 2898 4365 。

王大为

8 Find the phrases. Write them out.

知	道	对	不	起
刚	告	已	经	打
人	才	诉	理	电
没	关	系	说	话

(1) _____ (5) _____ (9) _____

(2) _____ (6) _____ (10) _____

(3) _____ (7) _____

(4) _____ (8) _____

校长今天放学以后要见小明，小明很怕见校长。小雪想知道校长为什么要见小明。

小明说："我有五门功课考试不及格：数学、物理、英文、中文和历史。"

"我上个星期没有来上学。"

"我上个星期也没有回家。"

小雪：校长＿＿＿＿＿要见你？

小明：对。

小雪：为什么？

小明：我也＿知道，可是……

小雪：可是什么？

小明：因为我五门功课考试＿＿＿＿。

小雪：五门？＿五门功课？

小明：＿＿、物理、英语、＿＿和历史。

小雪：还有呢？

小明：我上个＿＿没有来上学。

小雪：什么？

小明：我上个星期也没有＿＿。

小雪：我的天！校长要开除你了！

小明：所以我很＿。

182

10 Translation.

(1) 我刚才在回家的路上见到了王医生。

(2) 我弟弟在数学方面很有天才。

(3) 张先生是知名人士，在商界很有名。

(4) 小时候多学点儿知识，长大后有用。

(5) 他爸爸是一位能干的人事部长。

(6) 你最好事先告诉我。

(7) 我爷爷在香港已经住了五十年了。

11 Give the meanings of the following pairs of phrases.

① 钢琴 / 刚才

② 知道 / 首都

③ 告诉 / 造纸

④ 皇帝 / 旁边

⑤ 找人 / 戏剧

⑥ 已经 / 自己

⑦ 电话 / 刮风

⑧ 清朝 / 请进

12 Circle the right word.

(1) 小明刚才打了一个电 话／语 给你。

(2) 我不知／短道故宫在北京。

(3) 请／清你找一下李光明的电话号码。

(4) 我家附近有一个公 圆／园。

(5) 他已／已经上床睡觉了。

(6) 告／先诉妈妈我今晚不回家吃饭。

(7) 你会弹钢／刚琴吗？

(8) 他去过世／也界上很多地方。

(9) 爷爷很会画花乌／鸟画。

(10) 我们坐／座汽车去吧！

13 Read the following passage and then complete the dialogue.

王老师是数学老师。她的学生周元清和张一飞刚考过数学。元清学习很用功，总是考得很好，常常得高分。一飞平时学习不用功，考试有时候及格，有时候不及格。这次他又不及格，只得了36分，他要再考一次。

元清、一飞：王老师，您好！

王老师：

元清：王老师，我这次数学考得怎么样？

王老师：

一飞：王老师，我及格了吗？

王老师：

一飞：我得了多少分？

王老师：

一飞：我要不要再考一次？

王老师：

14 Translation.

(1) Where have you just been?

(2) He asked me to tell you that he is not coming.

(3) Please call him back.

(4) I have already finished reading this book.

(5) Mr. Wang is looking for you.

(6) Do you know Miss Li's telephone number?

(7) The headmaster asks me to tell you that he wants to see you.

生词

第十五课　足球场　游泳池　小卖部　图书馆　体育馆　厕所　幢　教学楼

办公室　初一　高一　不到　操场　礼堂　实验室

医务室／校医室　校长室　正门　后门　停车场

孔子　于　公元　公元前　死　伟大　思想家　教育家

一生　弟子　其中　作为

第十六课　校园　离　远　附近　进　一层／一楼　左面　右面　对面

后面　更衣室　隔壁　旁边　座　教堂

发明　文明　古国　古代　造纸术　指南针

火药　印刷术

第十七课　音乐会　请问……?　等一下　对不起　已经　没关系　吧

哪一位?　有事儿　没事儿　打电话给……＝给……打电话

有空儿　没空儿　电话号码

紫禁城　明代　清代　皇宫　清朝＝清代

皇帝　末代　先后

第十八课　表演　接电话　刚才　知道　找　让　回电话　告诉

不客气

总复习

1. School facilities

    ① 校园
    - 教室
    - 教学楼
    - 教师办公室
    - 校长室
    - 体育馆
    - 美术室
    - 电脑室
    - 音乐室
    - 实验室

    ② 校园
    - 礼堂
    - 图书馆
    - 男、女厕所
    - 小卖部
    - 操场
    - 足球场
    - 游泳池
    - 停车场
    - 正门
    - 后门
    - 医务室（校医室）
    - 更衣室

2. Position words

    上面　　下面　　左面　　右面　　前面　　后面　　对面

    旁边　　附近　　隔壁　　中间　　楼上　　楼下　　三层（楼）

3. Telephone language and other idoms

    (1) 打电话给……　　　　　　请……接电话

    回电话给……　　　　　　请接（转）……分机

    电话号码　　　　　　　　打错了

(2) 哪一位？   请等一等（等等、等一下）。   请问……

     对不起。   没关系。   不客气。

     有空（没事）。   没空（有事）。   不行。

     请坐！   请进！   近来怎么样？

     多谢！   不用谢。

4. Other verbs

找   让   知道   告诉   死   造（纸）   禁   表演

5. Adjectives and adverbs

远   近   伟大   清   已经   刚才

6. Grammar

(1) Sentences indicating existence

    (a) 在   教学楼在图书馆后面。

                     小卖部在医务室前面。

    (b) 是   图书馆后面是教学楼。

                     小卖部后面是医务室。

    (c) 有   教室里没有人。

                     办公室后面有球场。

(2) particle "吧"   我们走吧！

                     再坐一会儿吧！

7. Questions and answers

(1) 你们学校有多少老师和学生？　　有 100 多个老师，1500 多个学生。

(2) 你们学校有几幢教学楼？　　两幢。

(3) 你今年学几门课？　　九门。

(4) 你家离学校远吗？　　不远。

(5) 你常打电话给你的朋友吗？　　对。

(6) 你刚才上什么课？　　物理。

(7) 你知道小明的电话号码吗？　　知道，9287 0064。

(8) 你能不能告诉我你为什么学汉语？

因为我是中国人，汉语很有用。

(9) 你知道中国古代的四大发明吗？

知道。中国的四大发明是造纸术、火药、指南针和印刷术。

(10) 中国历史上的朝代，你知道几个？

我知道汉朝、明朝和清朝。

测验

1 Find their opposites from the words in the box.

(1) 买 →

(2) 停车 →

(3) 远 →

(4) 进 →

(5) 关 →

(6) 有空 →

(7) 死 →

(8) 对 →

(9) 丑 →

(10) 容易 →

(11) 好看 →

(12) 有趣 →

(13) 工作 →

(14) 古 →

(15) 总是 →

(16) 老 →

(a) 错	(i) 休息
(b) 没意思	(j) 美
(c) 卖	(k) 开
(d) 活	(l) 近
(e) 有事	(m) 今
(f) 难	(n) 出
(g) 从来不	(o) 新
(h) 难看	(p) 开车

2 Translation.

(1) 请让李明接电话。

(2) 老师让我再考一次生物。

(3) 你知不知道孔子一生教过多少学生？

(4) 你知道中国古代的四大发明吗？

(5) 请你告诉他我今天不来了。

(6) 你刚才去哪儿了？

(7) 香港离北京不远。

(8) 他已经走了。

3 Fill in the blanks with the words in the box.

| 吗 | 呢 | 吧 | 了 |

(1) 你们学校有游泳池＿＿＿？

(2) 我已经给小方回电话＿＿＿。

(3) 我们周末去看电影＿＿＿！

(4) 今天下午我想去打球，你＿＿＿？

(5) 图书馆关门＿＿＿。

(6) 我们先走＿＿＿！

(7) 你明天上午有空＿＿＿？

4 Translation.

(1) The changing room is next to the sports hall.

(2) The sports field is opposite to the swimming pool.

(3) The school is not far from my home.

(4) There is no one at home.

(5) There is a car park in front of the entrance.

5 Read the description of a school. Then draw the layout.

英才中学是一所英文学校。校园很大。一走进正门，你就可以看见一号教学楼，一共有五层高。一号教学楼左边是大礼堂，右边是操场。操场后面是一个游泳池。一号教学楼后面是二号教学楼。二号教学楼的四楼有美术室、电脑室和音乐室。其中美术室在电脑室和音乐室的中间。大礼堂后边是三号教学楼。学校的图书馆在三号教学楼的后面。每座大楼的一楼都有一个男、女厕所。

True or false?

( )(1) 一号教学楼后面是礼堂。

( )(2) 英才中学一共有两座教学楼。

( )(3) 二号教学楼里有四间美术室。

( )(4) 学校有一座体育馆。

( )(5) 每幢教学楼里有一间男、女厕所。

6 Translation.

(1) Three years ago I was in Canada.

(2) I am going to America on holiday for a month or so.

(3) I will phone you again in two weeks' time.

(4) Our Maths teacher is over 40.

(5) Yesterday I bought ten pairs of jeans.

(6) Today's temperature is about 30 degrees.

7 Read the note below.

天星：你好!

    谢谢你请我参加你的生日会。可是明天上午我要去机场接我的朋友，所以我不能参加你的生日会。我的朋友从澳大利亚来看我，我们已经很多年没有见面了。我回家后再给你打电话。非常对不起。

孔伟

5月7日

Answer the questions.

(1) 孔伟明天上午为什么不能参加天星的生日会?

(2) 孔伟的朋友从哪儿来看他?

(3) 孔伟跟他的朋友经常见面吗?

8 Writing practice. Draw the layout of your school and then describe its facilities.

词汇表

A

ài	爱	love; like; be fond of
àihào	爱好	hobby
àomén	澳门	Macau

B

báisè	白色	white
bǎi	百	hundred
bānhuì	班会	form period
bàn	办	do
bàngōng	办公	work in an office
bàngōngshì	办公室	office
bǎo	宝	treasure; precious
ba	吧	particle
běifāngrén	北方人	Northerner
bǐrú	比如	for instance
bì	壁	wall
biān	边	side; edge
biǎoyǎn	表演	performance
bīng	冰	ice
bǐng	饼	a round flat cake
búdào	不到	less than
búkèqì	不客气	impolite; you are welcome
bù jígé	不及格	fail a test or examination
bù	步	step; walk
bù	部	section; department; measure word

C

cái	才	talent; ability; just
cǎi	彩	colour
cān	参	join; refer
cānjiā	参加	join; participate
cāo	操	drill; exercise
cāochǎng	操场	playground; sports ground
cè	厕	toilet
cèsuǒ	厕所	toilet; washroom
céng	层	layer; storey

chá	茶	tea
cháyè	茶叶	tea-leaves
cháng	常	often
chángcháng	常常	often
chángchéng	长城	the Great Wall
chángjiāng	长江	the Yangtze River
chángkù	长裤	trousers
chángxiù chènshān	长袖衬衫	long-sleeved shirt
chǎng	场	a place where people gather
chàng	唱	sing
chànggē	唱歌	sing a song
cháo	朝	court; dynasty; facing
chèn	衬	lining
chènshān	衬衫	shirt
chéng	城	city; wall
chí	池	pool; pond
chóng	虫	insect; worm
chǒu	丑	the clown character type in traditional opera; ugly
chū	初	at the beginning of
chūyī	初一	grade 1 in junior high school
chú	除	get rid of; besides; except
chúle... yǐwài	除了……（以外）	besides; except
chuān	穿	wear
chuáng	床	bed
cì	次	measure word for action
cónglái	从来	always
cónglái bù	从来不	never

D

dǎ	打	strike; play
dǎ diànhuà	打电话	make telephone calls
dǎ diànhuà gěi...	打电话给……	call somebody
dǎ gāo'ěrfūqiú	打高尔夫球	play golf
dǎ lánqiú	打篮球	play basketball
dǎléi	打雷	thunder
dǎ páiqiú	打排球	play volleyball
dǎ pīngpāngqiú	打乒乓球	play table tennis
dǎ wǎngqiú	打网球	play tennis
dǎ yǔmáoqiú	打羽毛球	play badminton
dà fēngxuě	大风雪	snowstorm

dàyī	大衣 overcoat	
dài	戴 wear (accessories)	
dài shang	戴上 put on	
dài	代 historical period	
dài	带 belt; take; bring	
dàn	旦 the female character in traditional opera	
dāng	当 work as; be	
dào	道 road; way; measure word	
... de shíhou	······的时候 when	
de	得 particle, used to form a complement	
déyì	得意 proud of oneseif	
dé...fēn	得······分 score	
děngyixià	等一下 wait a minute	
dìlǐ	地理 geography	
dì	第 for ordinal number	
dì yī	第一 number one; first	
dìzǐ	弟子 follower; disciple	
dì	帝 God; emperor	
diǎn	典 standard	
diànhuà hàomǎ	电话号码 telephone number	
diànnǎo	电脑 computer	
diànshì	电视 TV	
diànyǐng	电影 movie	
dōngjīng	东京 Tokyo	
dòng	动 move	
dòngwù	动物 animal	
dù	度 degree; spend	
dùjià	度假 spend one's holidays	
duān	端 end; carry	
duānwǔjié	端午节 the Dragon Boat Festival	
duǎn	短 short	
duǎnkù	短裤 shorts	
duǎnqún	短裙 short skirt	
duǎnxiù	短袖 short-sleeved	
duǎnxiù chènshān	短袖衬衫 short-sleeved shirt	
duī	堆 pile up	
duī xuěrén	堆雪人 make a snowman	
duì	对 to; correct	
duìbuqǐ	对不起 sorry; excuse me	
duìmiàn	对面 opposite	
duì...(hěn) hǎo	对······（很）好 nice to	
duì...gǎnxìngqù	对······感兴趣 be interested in	
duì...yángé	对······严格 be strict with	
duì	队 team; group	
duìyuán	队员 team member	

duōcháng shíjiān	多长时间 how long (of time)	
duōshao	多少 how many; how much	
duōyún	多云 cloudy	

F

fāmíng	发明 invention	
fáng	房 house; room	
fàng fēngzheng	放风筝 fly a kite	
fàngjià	放假 have a holiday	
fàng shǔjià	放暑假 have a summer holiday	
fēicháng	非常 very; extremely	
fēnzhōng	分钟 minute	
fēng	风 wind	
fēngzheng	风筝 kite	
fù	附 add; be near; attach	
fùjìn	附近 nearby	
fù	父 father	
fùmǔqin	父母亲 parents	
fù	复 duplicate; recover; answer; again	
fùxí	复习 review; revise	

G

gāi	该 should	
gǎn	感 feel; sense	
gāng	刚 just; exactly	
gāngcái	刚才 just now; a moment ago	
gāng	钢 steel	
gāngqín	钢琴 piano	
gāo'ěrfūqiú	高尔夫球 golf	
gāoxìng	高兴 happy; cheerful	
gāoyī	高一 grade 1 in senior high school	
gāo	糕 cake; pudding	
gào	告 tell; inform	
gàosu	告诉 tell; let know	
gē	歌 song	
gé	隔 separate	
gébì	隔壁 next door	
gé	格 check	
gézi	格子 check	
gěi...dǎ diànhuà	给······打电话 call somebody	
gēngyīshì	更衣室 changing room	
gēn	跟 heel; follow; and	
gēn...yìqǐ	跟······一起 (together) with...	
gāngbǐhuà	钢笔画 pen-and-ink drawing	

193

gōngjīn	公斤	kilogram
gōngkè	功课	schoolwork; homework
gōnglǐ	公里	kilometer
gōngyuán	公元	the Christian era
gōngyuánqián	公元前	B.C.
gōng	功	skill; merit
gōng	宫	palace
gǔdài	古代	ancient times
gǔdiǎn	古典	classical
gǔdiǎn yīnyuè	古典音乐	classical music
gǔguó	古国	ancient country
gǔlǎo	古老	ancient
gù	故	former; incident
gùgōng	故宫	the Forbidden City
gùxiāng	故乡	home town; birthplace
guā	刮	blow
guāfēng	刮风	windy
guā xīběifēng	刮西北风	north westerly wind
guān	关	shut; turn off
guānxi	关系	relationship
guǎn	馆	a place for cultural activities
guóbǎo	国宝	national treasure
guójù	国剧	national opera
guówài	国外	abroad
guò	过	spend (time)
guò hánjià	过寒假	spend winter holidays
guònián	过年	celebrate the New Year

H

hái	还	still
hǎibiān	海边	seaside
hán	寒	cold
hán	韩	surname
hánguó	韩国	Republic of Korea
hánjià	寒假	winter holiday
hàn	汗	sweat
hànshān	汗衫	T-shirt
hǎoduō	好多	a lot of
hé	合	close; join; combine
héchàng	合唱	chorus
héchàngduì	合唱队	choir
hé	河	river
hēi	黑	black
hēisè	黑色	black
hóngchá	红茶	black tea

hóngsè	红色	red
hòumén	后门	back door
hòumian	后面	back
hòu	候	wait; time
hù	户	door; household; family
huā	花	flower
huāchá	花茶	scented tea
huāniǎohuà	花鸟画	flower and bird painting
huá	滑	slip
huábīng	滑冰	skate
huáxuě	滑雪	ski
huà huàr	画画儿	draw(paint) a picture
huàjiā	画家	painter
huà	化	change; influence; -ize; -ify
huàxué	化学	chemistry
huáng	皇	emperor
huángdì	皇帝	emperor
huánggōng	皇宫	imperial palace
huáng	黄	yellow
huánghé	黄河	the Yellow River
huángsè	黄色	yellow
huīsè	灰色	grey
huí diànhuà	回电话	return the phone call
huó	活	live; alive
huódòng	活动	exercise; activity
huǒyào	火药	gun powder

J

jí	及	reach; and
jígé	及格	pass a test or examination
jí	吉	lucky
jítā	吉他	guitar
jìjié	季节	season
jiājiā hùhù	家家户户	every household
jiāzhèng	家政	home economics
jià	假	holiday; vacation
jiàqī	假期	holiday
jiān	间	within a definite time or space
jiàn	件	measure word
jiāng	江	river
jiāo	教	teach
jiāoshū	教书	teach
jiǎo	饺	dumpling
jiǎozi	饺子	dumpling
jiǎo	脚	foot

jiàotáng	教堂 church
jiàoxuélóu	教学楼 classroom block
jiàoyùjiā	教育家 educationist
jiào	觉 sleep
jiē	接 connect; receive; meet
jiē diànhuà	接电话 answer the phone
jiérì	节日 festival; holiday
jīn	巾 a piece of cloth
jīn	斤 half a kilogram
jìn	近 near
jìn	进 enter
jìn	禁 prohibit
jīngcháng	经常 often
jīngjù	京剧 Peking Opera
jìng	净 the character type with the painted face in traditional opera; clean
jiù	就 at once; right away
jù	剧 play; drama; opera
juéde	觉得 feel; think
jué	角 role; character
juésè	角色 role

K

kāishǐ	开始 start
kàn diànshì	看电视 watch TV
kàn diànyǐng	看电影 watch movies
kànshangqu xiàng	看上去（像）look (like)
kǎo	考 give or take an examination, test or quiz
kǎoshì	考试 examination; test
kē	科 a branch of academic study
kēxué	科学 science
kēxuéjiā	科学家 scientist
kěnénghuì	可能（会）possible; possibly
kè	课 course; class; lesson
kèchéngbiǎo	课程表 school timetable
kèjiān xiūxi	课间休息 break (between classes)
kèwài huódòng	课外活动 extra-curricular activity
kè	客 visitor; traveller; customer
kèqi	客气 polite
kǒng	孔 hole; surname
kǒngzǐ	孔子 Confucius
kòng	空 blank; vacant; free time

| kù | 裤 trousers |
| kùzi | 裤子 trousers |

L

lā	拉 pull; play (certain musical instrument)
lā xiǎotíqín	拉小提琴 play the violin
lán	篮 basket
lánqiú	篮球 basketball
lán	蓝 blue
lánsè	蓝色 blue
léi	雷 thunder
lèi	类 kind; type; category
lěng	冷 cold
lí	离 distance from
lǐ	礼 ceremony
lǐtáng	礼堂 assembly hall
lián	连 link
liányīqún	连衣裙 dress
liǎn	脸 face
liáng	凉 cool
liángkuai	凉快 nice and cool
liǎng ge xīngqī	两个星期 two weeks
liàng	亮 bright; light; shine
língxià	零下 below zero
lǐng	领 neck; collar
lǐngdài	领带 neck tie
liú	流 flow; current
liúxíng	流行 popular
liúxíng yīnyuè	流行音乐 pop music
lóng	龙 dragon
lóngzhōujié	龙舟节 the Dragon Boat Festival
lóu	楼 multi-stored building; floor
lǜ	绿 green
lǜchá	绿茶 green tea
lǜsè	绿色 green

M

mǎ	码 a sign or thing indicating a number
mǎi	买 buy
mǎi dōngxi	买东西 go shopping
mài	卖 sell
máng	忙 busy
máobǐzì	毛笔字 calligraphy

máomaoyǔ	毛毛雨	drizzle
máoyī	毛衣	woollen sweater
mào	帽	hat
màozi	帽子	hat
māo	猫	cat
méiguānxi	没关系	never mind
méikòngr	没空儿	occupied; busy
méishìr	没事儿	free; not busy
méiyǒu yìsi	没有意思	boring
měicì	每次	every time
měishù	美术	art
miàn	面	face; side; flour
míngdài	明代	the Ming Dynasty
míngshèng	名胜	famous tourist attraction
mò	末	end
mòdài	末代	the last reign of a dynasty
mò	墨	ink; ink stick
mǔ	母	mother

nǎ yí wèi	哪一位	Who am I talking to?
nàr	那儿	there
nánfāngrén	南方人	Southerner
nán	难	difficult
nǎo	脑	brain
néng	能	able; capable; can
nízi	呢子	woollen cloth
niángāo	年糕	New Year cake (made of glutinous rice flour)
niǎo	鸟	bird
niú	牛	ox
niúzǎikù	牛仔裤	jeans
nóng	农	agriculture; farmer
nónglì	农历	the lunar calendar
nónglì xīnnián	农历新年	the Chinese New Year
nuǎn	暖	warm
nuǎnhuo	暖和	nice and warm

pà	怕	fear; be afraid of
pái	排	arrange; row; line
páiqiú	排球	volleyball
pāng	乒	bang

páng	旁	side
pángbiān	旁边	side
pǎo	跑	run
pǎobù	跑步	run
pí	皮	leather; skin
píxié	皮鞋	leather shoes
pǐn	品	article; product
pǐnzhǒng	品种	breed; variety
pīng	乒	table tennis
pīngpāngqiú	乒乓球	table tennis
píng	平	flat; average
píngshí	平时	normally
pō	坡	slope

Q

qí báishí	齐白石	famous Chinese painter
qí	其	he; she; it; they
qízhōng	其中	among (which)
qǐ	起	rise; start
qǐchuáng	起床	get up
qìwēn	气温	air temperature
qiān	千	thousand
qián	前	front; before; former; first
qín	琴	a general name for certain musical instrument
qīng	清	clear; quiet
qīngcháo	清朝	the Qing Dynasty
qīngdài	清代	the Qing Dynasty
qíng	晴	fine; clear
qíngtiān	晴天	sunny day
qíngzhuǎn duōyún	晴转多云	change from sunny to cloudy
qǐng	请	request; invite; please
qǐngwèn...	请问……?	Excuse me; one may ask
qiú	球	ball
qùshì	去世	die
qù	趣	interest
quáncháng	全长	whole length
qún	裙	skirt
qúnzi	裙子	skirt

R

ràng	让	give way; let

rè	热	hot
rénwù	人物	figure
rénwùhuà	人物画	figure painting
rèn	认	recognize; know
rènshi	认识	know; understand
róng	容	hold; facial expression
róngyì	容易	easy
rú	如	for instance

S

sài	赛	match; game; competition
sài lóngzhōu	赛龙舟	Dragon-boat race
sānqiān	三千	three thousand
sè	色	colour
shài	晒	shine upon
shài tàiyáng	晒太阳	sunbathe
shānshuǐhuà	山水画	landscape painting
shān	衫	unlined upper garment
shǎng	赏	reward; admire; enjoy
shǎngyuè	赏月	enjoy the glorious full moon
shàngkè	上课	attend class
shénme shíhou	什么时候	when
shēng	生	the male character in traditional opera
shēngdòng	生动	lively; vivid
shēngwù	生物	biology
shèng	胜	victory; wonderful
shí'èr mén kè	十二门课	twelve school subjects
shí	时	time; hour
shíhou	时候	time; moment
shíjiān	时间	time
shí	实	solid; true; fact
shíyànshì	实验室	laboratory
shí	石	stone
shǐ	始	beginning
shì	式	type; style
shìyàng	式样	style; type
shí	识	know; knowledge
shì	事	matter; thing
shì	视	look at; watch
shì	试	try; test
shì	室	room
shì...de	是……的	used for emphasis
shǒu	首	head; leader

shǒudū	首都	capital (of a country)
shǒutào	手套	gloves
shǔ	暑	heat; hot weather
shǔjià	暑假	summer holiday
shù	数	number
shùxué	数学	maths
shù	术	art; skill
shuā	刷	brush
shuāyá	刷牙	brush one's teeth
shuǐcǎihuà	水彩画	watercolour (painting)
shuì	睡	sleep
shuìjiào	睡觉	sleep
sī	思	think
sīxiǎngjiā	思想家	thinker
sǐ	死	die
sù	诉	tell; inform
suǒ	所	place; measure word
suǒyǐ	所以	so; therefore

T

tā	它	it
tāmen	它们	they; them
tái	台	platform; table
táiběi	台北	Taipei
táifēng	台风	typhoon
táiwān	台湾	Taiwan
tàiyáng	太阳	sun
tán	弹	play (a stringed instrument)
tán gāngqín	弹钢琴	play the piano
tán jítā	弹吉他	play the guitar
táng	堂	hall
tào	套	cover; measure word
tàozhuāng	套装	woman's suit
tī	踢	kick; play
tī zúqiú	踢足球	play football
tí	提	carry in one's hand; raise
tǐ	体	body
tǐyù	体育	physical training; sports; PE
tǐyùguǎn	体育馆	gymnasium
tiān'ānmén	天安门	Tian An Men
tiānqì	天气	weather
tiáo	条	stripe
tiáozi	条子	stripe
tiào	跳	jump; beat
tiàowǔ	跳舞	dance

tīng	听	listen; hear
tīng yīnyuè	听音乐	listen to music
tíng	停	stop
tíngchēchǎng	停车场	car park
tōngcháng	通常	usually; generally
tóngshí	同时	at the same time
tú	图	picture; map
túshū	图书	books
túshūguǎn	图书馆	library
tuán	团	round; group; organization
tuányuán	团圆	reunion
tuányuánjié	团圆节	the Mid-Autumn Festival

W

wà	袜	socks
wàzi	袜子	socks
wài	外	outside; foreign
wàitào	外套	outer garment
wàiyǔ	外语	foreign languages
wān	湾	gulf; bay
wán	玩	play
wán diànnǎo yóuxì	玩电脑游戏	play computer games
wán	完	finish
wǎng	网	net
wǎngqiú	网球	tennis
wéi	围	enclosure
wéijīn	围巾	scarf
wěi	伟	big; great
wěidà	伟大	great; mighty
wèi	为	for; because
wèishénme	为什么	why
wèi	位	place; position; measure word
wēn	温	warm; temperature
wénfáng sìbǎo	文房四宝	the four treasures of the study
wénhuà	文化	culture
wénmíng	文明	civilization
wūlóngchá	乌龙茶	oolong (tea)
wǔ	舞	dance
wù	物	thing; matter
wùlǐ	物理	physics
wǔyuè chūwǔ	五月初五	May 5th (lunar calendar)

X

xīzhuāng	西装	suit
xī	息	stop; rest
xí	习	practice; exercise
xǐ	洗	wash
xǐliǎn	洗脸	wash one's face
xǐzǎo	洗澡	have a bath
xì	戏	play; drama
xìjù	戏剧	drama; play
xì	系	system; faculty; related to
xiā	虾	shrimp
xiàyǔ	下雨	rainy
xiānhòu	先后	one after another
xiāng	乡	countryside; home town
xiàng	像	be like; resemble
xiàng zhēnde yíyàng	像真的一样	true to life; vivid
xiǎojie	小姐	miss
xiǎomàibù	小卖部	tuck shop
xiǎoshuō	小说	novel; fiction
xiǎotíqín	小提琴	violin
xiàofú	校服	school uniform
xiàoyīshì	校医室	medical room
xiàoyuán	校园	school campus
xiàozhǎngshì	校长室	the principal's office
xié	鞋	shoe
xīn	新	new
xīnnián	新年	New Year
xīnjiāpō	新加坡	Singapore
xìng	兴	mood or desire to do sth.; interest
xìngqù	兴趣	interest
xióng	熊	bear
xióngmāo	熊猫	panda
xiū	休	stop; rest
xiūxi	休息	rest
xiù	袖	sleeve
xuéqī	学期	school term
xuéxí	学习	study; learn
xuě	雪	snow

Y

yán	严	tight; strict
yángé	严格	strict
yán	颜	colour

yánsè	颜色	colour		yīnggāi	应该	should
yǎn	演	perform; play		yǐng	影	shadow; film
yàn	砚	inkstone; inkslab		yǒng	泳	swim
yàn	验	examine		yònggōng	用功	study hard
yáng	阳	masculine or positive principle in nature		yóu	油	oil
				yóuhuà	油画	oil painting
yàng	样	shape; form; pattern		yóu	游	swim; travel
yáo	摇	shake; rock; turn		yóuxì	游戏	game
yáolán	摇篮	cradle		yóuyǒng	游泳	swim
yào	药	medicine		yóuyǒngchí	游泳池	swimming pool
yào	要	essential; want; must; will		yóuyǒngduì	游泳队	swimming team
yè	业	profession; trade		yǒukòngr	有空儿	free; not busy
yè	叶	leaf		yǒumíng	有名	famous
yī	衣	clothes		yǒuqù	有趣	interesting
yīfu	衣服	clothes		yǒushíhou	有时候	sometimes
yīwùshì	医务室	medical room		yǒushìr	有事儿	occupied; busy
yī...jiù...	一……就……	as soon as		yǒuyìsi	有意思	meaningful; interesting
yígòng	一共	altogether		yǒuzuòwéi	有作为	accomplished
yíhuìr	一会儿	a little while		yòumiàn	右面	right side
yíyàng	一样	the same		yòu	又	again
yǐ	已	already		yòu...yòu...	又……又……	both... and ...
yǐjīng	已经	already		yú	于	in; at; on
yǐqián	以前	before		yú	鱼	fish
yǐshàng	以上	more than; the above		yǔ	羽	feather
yìbiān...yìbiān...	一边……一边……			yǔmáoqiú	羽毛球	badminton
		at the same time; simultaneously		yǔ	雨	rain
yìcéng	一层	first floor		yù	育	give birth to; raise; educate
yìlóu	一楼	first floor		yuán	元	first; unit
yìqǐ	一起	together		yuán	园	an area of land for growing fruits; a public place
yìshēng	一生	all one's life				
yì	意	meaning; idea		yuán	圆	round; circular
yìsi	意思	meaning		yuǎn	远	far
yì	易	easy		yuèbǐng	月饼	moon cake
yīn	阴	overcast		yuèliang	月亮	the moon
yīnlì	阴历	lunar calendar		yuè	乐	music
yīntiān	阴天	cloudy day		yùn	运	motion
yīn	因	cause; because of		yùndòng	运动	sports
yīnwèi	因为	because		yùndòngxié	运动鞋	sports shoes
yīnwèi...suǒyǐ...	因为……所以……	because...				
yīn	音	sound; tone				
yīnyuè	音乐	music			Z	
yīnyuèhuì	音乐会	concert				
yǐn	饮	drink		zǎi	仔	son; young animal
yǐnchá	饮茶	drink tea		zǎo	澡	bath
yìn	印	print		zào	造	make; build
yìnshuāshù	印刷术	printing		zàozhǐshù	造纸术	paper making
yīng	应	should		zěnmeyàng	怎么样	how; what

199

zhǎo	找	look for; ask for; give change
zhēn	针	needle
zhēn	真	true; real; genuine
zhēng	筝	a stringed instrument; kite
zhèng	正	straight; upright; correct
zhèngmén	正门	main entrance
zhèngzài	正在	in the process of
zhèng	政	political affairs
zhī	知	know; inform
zhīdao	知道	know; be aware of
zhī	只	measure word
zhǐ	指	finger; point to
zhǐnánzhēn	指南针	compass
zhǐyǒu	只有	only
zhǐ	纸	paper
zhōngguóhuà	中国画	Chinese painting
zhōngqiūjié	中秋节	the Mid-Autumn Festival
zhōng	钟	bell; clock; time
zhòng	种	grow; plant
zhòng chá	种茶	grow tea
zhòng	重	weight; heavy; important
zhòngyào	重要	important; major
zhōu	周	week; whole
zhōumò	周末	weekend
zhōu	舟	boat
zhúzi	竹子	bamboo
zhǔyào	主要	main
zhuǎn	转	turn; shift; change
zhuāng	装	outfit; clothing
zhuàng	幢	a measure word for buildings
zǐ	紫	purple
zǐjìnchéng	紫禁城	the Forbidden City
zǐsè	紫色	purple
zìxué	自学	teach oneself
zōng	棕	brown
zōngsè	棕色	brown
zǒng	总	sum up; always
zǒngshì	总是	always
zòngzi	粽子	a pyramid-shaped dumpling made of sticky rice wrapped in bamboo or reeds
zúqiú	足球	football; soccer
zúqiúchǎng	足球场	football pitch
zuìjìn	最近	recently
zuǒmiàn	左面	left side
zuǒyòu	左右	around
zuòwéi	作为	accomplishment

zuòyè	作业	homework
zuò zuòyè	做作业	do homework
zuò	座	seat; measure word